다락에서
찾은

엄마 향기

다락에서 찾은
엄마 향기

글·그림 박순근 글 김미숙

책을 펼치며

 울엄마는 딸만 여덟 낳았다.
 엄마에겐 소원이 두 개 있었다.
 첫 번째 소원은 아들을 낳아 김씨 집안의 여자로서의 소임을 다하는 것이고, 두 번째 소원은 여덟 딸 모두 대학에 보내 나라의 일꾼으로 키우는 것이었다. 엄마로서의 소임을 다하겠다는 다짐이다.
 구십 평생, 첫 번째 소원은 결국 이루지 못했지만 두 번째 소원을 마침내 이루셨다. 우리는 그렇게 엄마의 소원 속에서 나라의 일꾼으로 일했고, 자식을 키우는 엄마가 되었다.

 지금 울엄마는 요양원에 계신다.
 요양원에 들어가시고 나서 살던 집이 팔렸다.
 집을 정리하다가 보니 장롱 속에는 엄마가 긴 세월 동안 써 놓았던 일기장과 메모가 가득했다. 그 속에는 여자로서 살아낸 세월과 딸들에 대한 사랑의 단상들이 빼곡했다.

엄마는 또 틈틈이 그림을 그리셨다. 그 그림과 일기를 집으로 가지고 와서 꼼꼼히 읽어보았다. 거기에는 오래도록 간직할 아름다운 시간으로 가득했다. 행복해서 울고 죄송해서 울었다. 한참을 울다가 동생들과 엄마의 글과 그림을 공유해야겠다는 생각이 들었다. 나는 엄마가 써 놓은 글과 그림에 답장을 쓰듯 내 마음을 전하는 글을 붙여서 블로그에 올렸다. 그리고 우리는 함께 울었다.
이 책은 엄마에 대한 우리의 고마운 마음의 표시이다.
그리고 엄마의 사랑에 보답하지 못한 것에 대한 반성문이다.

온 마음을 다해 살아주신 엄마!
감사합니다.
사랑합니다.

2024. 10 큰딸 미숙

엄마 향기

14 재수 좋은 여자
16 부모님생각
18 하늘이 무너지고 땅이 꺼지고
22 그리운 내 고향
24 나뭇잎만 떨어져도
28 1991년 어느 가을날
30 나의 소원 1
34 나의 소원 2
38 흰머리
40 손은 두 개 보따리는 세 개
42 백태 수술과 거짓말

엄마 향기

02

46 신나게 살던 단칸방
52 엄마의 배팅
56 옛날과 지금
60 보고 싶은 엄마
62 선희 교사 발령 축하
66 하얀 눈
70 괜스레 쓸쓸한 날
74 엄마와의 약속
78 보고 싶은 어머니
82 아버지, 죄 많은 딸은 오늘도 웁니다
84 자유와 독재

엄마 향기

03

- 88 　여자의 권리를 찾아라
- 90 　남편 칠순 잔칫날
- 92 　귀여운 손자 군우
- 94 　수원으로 이사하던 날
- 96 　효녀 셋째 정숙이
- 98 　우리가족 작은 미술 이야기전
- 102 　딸들은 모두 효녀
- 104 　큰딸, 고맙다
- 106 　피로 짠 도토리가루
- 110 　나는 울었다
- 114 　남편이 요양병원에

딸들이 엄마에게

04

- 120　우리 엄마는 89세
- 122　엄마의 유훈
- 123　빨간 스케이트
- 125　서운했던 딸
- 126　그때는 못한 말
- 127　2인 1조 도시락
- 129　너무 오래된 약속, 아빠에게 부치는 편지
- 133　7살 꼬마의 나들이
- 135　나는 막내

엄마 갤러리

05

138 꽃을 어떻게 던지니?

140 새들이 풀잎들이 좋았다

142 좋아하는 그림도 하나하나

144 겹겹이 쌓인 엄마의 시간 속 빛깔들이 아름답다

146 엄마의 아름다운 시간은 계속 진행형이다

엄마 손글씨

06

- 151 　여자의 하루
- 153 　꼭 아들일 거야 하면서
  　　　여덟 번 울고 웃고 했다
- 155 　앞산 4월이면
- 157 　이곳으로 이사왔다
- 159 　내 인생 다시 태어난다면
- 160 　가고 싶어도 못 가는 곳
- 162 　어머님이 도와주셔서
  　　　잘 살고 있습니다

엄마 향기

난 재수가
좋은
여자인
것 같다
딸만 여덟을
낳았으니

01

재수 좋은 여자

지난 일을 생각해 보니 난 재수가 좋은 여자인 것 같다. 딸만 여덟을 낳았으니 옛날 같으면 시집에서 쫓겨나고 사람들에게 손가락질을 받는 여자였을 텐데, 세월은 나를 위해 돌아가는 것 같다. 나를 위해 법이 달라지고 있다. 사람마다 아들 딸 잘도 낳아 기르는데 나는 무슨 죄가 많아 여덟 번 죽을 고생을 하며 여덟 명의 자식을 낳았는지 모르겠다.

지금은 딸 하나만 낳아도 안 낳는 시대가 되었다. 그리고 딸들의 세력이 더한 시대가 되었다. 내 딸들은 모두 부모에게 효도하고 잘들 살고 있다. 이것이 나에게는 고생한 보람이다. 나는 아들을 못 낳은 대신 딸 여덟 모두 대학에 보내는 것을 목표로 삼아 열심히 살았다. 아이들의 건강을 생각하면서 알뜰하게 아끼고 저축하면서 살아왔다. 옛날의 고생은 젊어서 한 것이고 앞으로는 노인이 되어서 편안하게 살 마음으로 하루하루 살고 있다.

"엄마~~ 병아리가 일곱 마리네요."
"한 마리는 어디 갔을까요?"
"아하 뱃속에 숨어 있다고요?"
"엄마는 복이 많아서 건강하고 이쁜 딸을 여덟 명이나 낳으신 거예요."

우리 엄마는 지금 91세이시다.
이 일기는 1986년에 쓰셨으니 36년 전에 쓰신 일기이다.
지금의 내 나이보다 열 살이나 적을 때 글이다.
계산해 보니 나의 큰딸 선영이가 4살 때 엄마가 쓴 일기다.
엄마의 곱고 고왔던 그때를 생각해 내려니 기억이 희미하고 슬프다.

부모님 생각

앞산 4월이면 진달래꽃이 온산을 덮고
서서히 진달래가 지고 나면
나뭇잎이 파랗게 산을 물들이고
동산은 하얀 벚꽃 동산으로 변한다.
벚꽃이 떨어지면 산은 향기로 물들어
우리들의 눈은 마냥 즐겁다.
아카시아꽃이 지면 산은
파란 산으로 변하고 밤꽃이 핀다.
자연은 정말 말로 다 할 수 없는
요술쟁이다.

이런 봄에는 부모님 생각이 더 많이 난다.
봄이 오면 만물이 소생하고 앙상한 가지에도 물이 오르는데….
꽃도 피고 잎도 솟아나는데….
한번 가신 부모님은 못 오시네.
인생도 만물과 같이 살아났으면.

1988년 봄날

　내가 둘째 딸을 임신하고 있었을 즈음 엄마의 일기다. 자연을 바라보는 시선이 그 윽하고 아름답다. 생동하는 봄을 보며 부모님을 생각하는 엄마의 마음을 읽으니 부 끄럽다. 나는 봄이 오기 전부터 마음이 조급하다. 죽은 가지에 새싹이 움트는 기적 을 놓칠까 봐, 벚꽃 그늘에 서서 꽃비도 못 맞고 봄이 가버릴까 봐, 엄마랑 꽃구경 가야지 생각했다가도 친구 만나서 놀다가 정신 차리고 나면 봄이 가버린다.

　사 년 전 봄으로 기억된다. 엄마랑 안양천 변으로 벚꽃 나들이를 갔다. 내가 "엄마 오늘은 벚꽃에 질리기야. 멀미 나도록 보세요. 질리지 않으면 집에 못 가시는 거예 요" 했더니 환하게 웃으셨다. 그때만 해도 엄마와 언제라도 꽃구경 갈 수 있을 줄 알았는데….

　엄마는 유난히 꽃을 좋아하셨다. 양복점 하는 아빠를 도와 서울에 물건(양복 옷감) 을 하러 가시곤 했는데, 돈을 아끼시느라 급행 기차는 보내고 완행 기차를 타고 오 셨다. 아낀 돈으로 예쁜 꽃모종을 사서 오셨다. 팬지꽃도 그때 보았던 거 같다. 엄마 한테 들은 얘긴데 아빠가 늦게 온다고 꽃모종을 지붕 위에 던졌다고 한다. 그러면 서 "너희 아빠는 멋을 몰라. 꽃을 어떻게 던지니?"라고 하셨다.
　옛일이 어렴풋이 떠오른다. 한날은 엄마가 나를 부엌으로 살짝 불렀다. 아빠가 딸 들 키우는데 힘들다고 엄마에게 돼지 족발을 푹 고아 주셨던 거다. 딸들 없을 때 혼 자 먹고 힘내라고 하셨단다. 그런데 같이 먹자고 약골인 나를 부른 것이다.

　아빠는 별로 말이 없는 편인데 엄마의 생각과 의견을 전적으로 신뢰하고 사랑하셨 다. 올 시간이 넘었는데 오지 않으시니 무슨 일이라도 생겼나 걱정이 되셨을 거다. 꽃을 던진 것은 그 시대의 엄마에 대한 아빠의 사랑 표현이 아닐까?

하늘이 무너지고 땅이 꺼지고

큰애는 시집살이 2년 만에 스트레스와 힘든 고생으로 급성 B형간염에 걸려 병원에 입원했다.

출생하여 30년 동안 무병해서 초등학교, 중고등학교, 대학교, 교직 생활을 하면서도 한번도 결근하지 않고 건강하게 자랐는데 시집살이가 너무 심해서 병이 들었다. 이때 나는 하늘이 무너지고 땅이 꺼지는 거 같았다.

집안일을 뒤로 하고 간염에 좋다는 음식물을 해서 가평에서 안양까지 하루 건너로 갔다. 가물치, 쇠족탕, 딸기, 조기, 불고기, 장조림 좋다는 것을 먹였다. 큰딸은 병원에 삼 개월 입원하며 병원 치료를 받았다.

착하고 귀엽게 키운 내 딸이 고생하는 것을 생각하면 사돈이 너무 밉다. 나는 그런 집에 딸을 준 것이 너무 한스럽다. 어떻게 키운 딸인데. 선생님을 만들어서 그런 곳으로 시집을 보낸 생각을 하면 너무 억울하다.

1986년 3월

B형 간염에 걸려 삼 개월 동안 입원했던 사람이 바로 나다. 사실 나는 시집오기 전엔 밥 한 번도 제대로 해 본 적이 없다. 엄마 혼자 그 많은 빨래를 어떻게 감당했는지, 그 많은 도시락은 다 어떻게 싸셨는지, 나도 엄마가 되어 보고서야 짐작해 볼 뿐이다. 딸만 여덟이라지만 어려운 일 한번 안 시키며 남부럽지 않게 키웠다. 지금도 엄마가 늘 하던 말이 귓가에 선명하다.
"빨래며 살림은 시집가면 실컷 할 테니 지금은 공부 열심히 해라. 돈은 많이 벌어도 잊어버리면 그만이지만, 공부한 것은 어디 안 간다, 배운 것은 남 안 준다."
지금으로 말하면 엄마는 페미니스트에 가까웠다. 여자도 언제든지 자립할 수 있어야 한다는 게 엄마의 확고한 철학이었다. 그러려면 스스로 경제적으로 자립할 수 있어야 한다는 게 엄마의 지론이다.

중학교쯤 되었을 때의 일인가 싶다. 라디오 연속극에서 날마다 술을 마시고 부인을 때리는 장면이 나왔다. 다짜고짜 나에게 이렇게 말씀하셨다.
"시집가서 남편이 때리면 참으면서 살면 안 된다. 그런 사람하고는 이혼해야 해"
그때만 해도 결혼해서 이혼한다는 것은 상상하기 어려운 시절인데…. 엄마가 딸 여덟 모두를 대학에 보내겠다는 결심 속에는 그런 일념도 들어 있다. 그런데 큰딸이 시집가서 아프니 하늘이 무너지고 땅이 꺼질 만도 했으리라.

그리운 내 고향

가고 싶어도 못 가는 곳
보고 싶어도 못 보는 사람들
듣고 싶어도 못 듣는 소식들
그립구나! 그 얼굴들

죽었는지 살았는지
자유를 아는지 모르는지
자유 찾아 일어나라
자나 깨나 문득문득
보고 싶고 그립구나

얼싸안고 울어볼 날 언제나 오려나
새와 들짐승은 오고 가건 만은
사람은 왜 못 가는가
달과 별은 같은 빛을 비추어 주는데
언제나 가고 오려는가

남북통일
북쪽으로 날아가는 기러기야
친척과 친구에게 나의 소식 전해다오

1980년 4월 4일

초등학교 시절엔 전쟁 꿈을 많이 꾸었다. 엄마 고향은 철원이다. 6.25 전쟁 때 그 땅을 차지하려고 아군과 적군이 싸우면서 많은 사람이 억울한 죽임을 당했는데 엄마의 큰오빠도 북한 공산군들에게 죽임을 당했다. 그때 시신도 못 보고 무작정 남쪽으로 피난을 나왔던 이야기를 많이 듣고 자랐다.

우리는 무서운 꿈을 꿀까 봐 밤이 무서웠다. 그 무서움을 피하는 유일한 방법은 엄마 팔을 잡고 자는 거였다. 동생들도 엄마 팔을 잡고 자기를 원했기 때문에 저녁이면 엄마 팔 쟁탈전이 벌어졌다. 돌아가며 엄마 옆에서 잤다. 팔을 차지하지 못한 날은 거꾸로 누워 엄마 다리를 껴안고 잤다.

그런 엄마가 딸 여덟을 언제 만드셨는지 그건 아직도 풀리지 않는 수수께끼다. 나는 엄마가 아빠 옆에서 주무시는 걸 한번도 본 적이 없는데.

남북통일은 언제 되려나. 울엄마는 벌써 91세이신데….
엄마 일기장 한구석에 유해발굴단 전화번호가 적혀 있었다.
그때 돌아가신 큰오빠의 시신을 찾고 싶은 소망이 아직도 남아 있다.

나뭇잎만 떨어져도

공부는 학교에서 배워야 하는가 보다. 나는 초등학교 이 년, 중학교 일 년 다니고 월반하여 간호 고등학교 이 년을 다니다 전쟁이 났다. 그래서 어릴 때는 머리 좋다는 말도 많이 들었다. 시험만 보면 합격하고, 선생님의 칭찬도 많이 받고, 동네 사람들의 부러움을 샀다.

그런데 지금은 하고 싶은 것이 많아도 잘 되질 않는다. 몇 번을 쓰고 읽어도 머리에 잘 들어오지 않는다. 어떤 사람들은 이 나이에 대학교도 가던데 내 머리는 녹이 슬었나 보다. 글을 쓰려고 해도 줄거리가 제대로 되지 않고, 책을 읽어도 읽고 나면 무엇을 읽었는지 생각이 나질 않는다. 잠도 잘 오지 않는다. 예전에는 눕기만 하면 잠이 오고, 누워 볼 시간이 없어서 낮잠 한번 제대로 자지 못했는데 이제는 잠잘 시간도 많은데 하고 싶은 일을 할 시간도 많은데 잠도 오지 않고 의욕도 없어진다.

온종일 학교에 보내 놓고, 빨래하고 집안 청소하고, 가게 청소며 재봉 질 하며 잠시도 앉아 볼 사이도 없이 아이들 키울 때가 더 좋았던 것 같다. 힘없이 늙어가니 나뭇잎만 떨어져도 저세상으로 빨리빨리 시간이 가는 것만 같아 가슴이 아프다.

1991년

엄마의 일기를 보니 친정에 갔을 때 엄마가 하신 말씀이 생각난다. "너희들 시집보내고 나서 처음으로 뛰지 않고 걸어 봤다. 처음에 너무너무 신기할 정도로 좋아서 둥실둥실 날아갈 것만 같더니, 그것도 며칠 지나고 나니 심심하더라."

 엄마는 그렇게 사셨다. 바쁜 와중에도 틈만 나면 우리 옷도 직접 만들어 입히셨다. 손재주가 좋으신 엄마는 한 가지 옷감으로 모두 다른 디자인의 옷을 만들어 입히셨다. 지금의 K-POP 스타들 의상처럼 같은 컨셉 다른 디자인으로 만들어 입혔으니 시대를 앞지른 신여성이셨다. 사운드오브뮤직 영화에서 마리아가 커튼으로 아이들 옷을 만들어 입히는 장면은 우리 엄마가 원조다.

 또 엄마 곁에서 놀고 있으면 가까이 불러서 늘 문제를 내셨다. 주로 산수 문제를 내셨는데, 예를 들면 "숙아, 엄마가 너에게 1,000원을 주고 심부름을 시키려고 하는데, 150원 하는 우유 2개, 70원 하는 과자 한 봉지. 120원 하는 사탕 한 봉지를 사면 얼마를 거슬러와야 하지?" 그런 식이다. 짧은 시간도 시간은 금으로도 살 수 없다며 아껴 쓰셨다.

 그랬던 엄마가 맥없이 흘러가는 시간을 보내며 가슴 아파하는 모습이 눈에 선하다.

1991년 어느 가을날

 1988년 8월 29일 벽제로 이사 왔다. 가평에서 이사 온 지도 3년이 되었다. 오늘따라 날씨가 덥고 파리는 극성을 부리고 소똥 냄새도 난다. 그러나 거실의 큰 유리로 보는 들판은 내 가슴을 시원하게 해준다. 앞산 앞 논에서는 벼가 누렇게 익어가고, 논두렁의 갈대는 바람에 움직이고 개울가 아카시아 사이로 까치가 지저귀는 풍경이 보기 좋다.

 거실 의자에 앉아서 붉게 물들고 있는 들판과 앞산을 바라보면 산속 별장에 와 있는 기분이다. 기계로 농사를 짓는 모습도 보인다. 한 사람이 기계로 벼를 베고, 벼를 털어서 부대에 담아 실어 나른다. 농사짓는 일도 예전보다 힘이 안 들어 보인다. 한적하고 적막한 곳이다.

 아이들 키우면서 바쁘게 살던 때를 생각해 보니 한가한 오늘이 바쁠 때만 못하다. 젊어서 고생은 돈 주고도 못 산다는 말이 생각난다. 지금은 몸은 편해도 마음은 편하지 않다. 돈을 더 벌어야 할 텐데…. 어린 딸들에게 매달릴 생각을 하니 걱정이 앞선다.

1991년

지금 울엄마는 91세
2023년 올여름에 울엄마는 스스로 요양원에 들어가셨다.

딸들에게 매달릴까 걱정하시던 울엄마
당신 위해 돈 한 푼 쓰실 줄 모르는 울엄마
겨울에도 춥지 않다며 난방기 한번 켜지 않는 울엄마
절약이 애국하는 길이라며 달력 뒷장이 아까워 버리지 못하는 울엄마
우리에게 뭐라도 주셔야 직성이 풀리는 아무도 못 말리는 울엄마
버려도 아깝지 않은 물건만 쓰시겠다고 고집하는 울엄마
쓰고 남을 여유가 있는데도 그 습성을 버리지 못하는 울엄마

생각만 해도 가슴 따듯해지던 울엄마가
언제부턴가 생각하면 가슴 시려오는 울엄마가 되었다.

나의 소원 1

　미련한 내가 밉기도 하다. 둘만 낳아 잘 키우자는 산아제한법을 위반하고 아들이 무엇이길래 하나만 더, 한 번만 더 하다가 딸 여덟을 낳았다. 법을 위반한 죄를 씻기 위해 나는 딸들을 이 나라의 쓸모 있는 사람으로 만들려고 애썼다.

　자식들은 잘 자라서 모두 대학을 졸업하였다. 교육대학 세 명, 예술대학 두 명, 간호대학 한 명, 약학대학 한 명, 경영대학 한 명 모두 쓸모 있는 일꾼으로 건강하게 자랐다. 나의 소원인 아들을 낳지는 못했지만 나라에 쓸모 있는 사람이 되도록 대학을 보냈으니 나의 소원은 이루어졌다고 할 수 있다.

　나는 그렇게 살았다. 하고 싶은 취미 생활은 할 여유도 없었다. 늙고 보니 지금은 시간이 있어도 건망증이 생기고, 머리가 돌덩이가 된 것 같이 잘 돌아가지 않는다. 하고 싶은 것은 많은데 마음뿐이다. 60살 이후에 사는 세월은 왜 이렇게 빠르게 흘러가는지. 그래서 세월이 유수와 같이 흐른다고 하는 것 같다.

1995년

 지금은 출산율이 너무 낮다. 자녀를 낳으면 보너스까지 주지만 낳지 않는다. 출산율이 낮아 나라가 위태로워질 정도다. 자식을 많이 낳는 일이 나라에 가장 애국하는 일이라고 해도 과한 말이 아니다. 우리 모두 무병 무탈하게 자라 밥벌이를 할 수 있게 키웠으니 이보다 애국이 또 어디 있겠는가? 우리 엄마가 최고의 애국자다.

 우리 딸들은 엄마의 지극정성으로 대학을 졸업하고 초등 교사 1명, 중등 교사 2명, 약사 1명, 예술가 1명, 간호사 1명, 디자이너 2명으로 모두 현역에서 일했고 지금도 일하고 있다. 엄마가 말하는 나라의 일꾼이 되었다.
 아마도 엄마가 지금 시대에 태어났으면 뭐라도 한가닥 하는 여성이 되었을 게 분명하다. 엄마가 죄인이 아니라 우리가 엄마의 죄인이다.
 '어머님 마음' 노래를 부르며 눈물짓는다.

어머님 마음

양주동 시 / 이흥렬 곡

낳으실 때 괴로움 다 잊으시고
기르실 제 밤낮으로 애쓰는 마음
진자리 마른자리 갈아 뉘시며
손발이 다 닳도록 고생하시네
하늘 아래 그 무엇이 넓다 하리오
어머님의 희생은 가이 없어라

어려선 안고 업고 얼려주시고
자라선 문 기대어 기다리는 밤
앓을 사 그릇될 사 자식 생각에
고우시던 이마에 주름이 가득
땅 위에 그 무엇이 높다 하리오
어머님의 정성은 지극하여라

사람의 마음속에 온가지 소원
어머님의 마음속엔 오직 한 가지
아낌없이 일생을 자식 위하여
살과 뼈를 깎아서 바치는 마음
세상의 그 무엇이 거룩하리오
어머님의 사랑은 그지없어라

나의 소원 2

1992년 겨울, 세월은 어느덧 유수와 같이 흘러 고향을 떠나 부모님과 사별한 지도 41년이 되었다. 엄마가 된 지도 36년이 되었다. 여덟 딸의 엄마가 되어 온갖 고생을 다 했다. 이제는 막내딸 대학에 보내는 것이 나의 소원이며 희망이다.

'올해는 기대에 어긋나지 않기를.'
'올해는 꼭 합격해야 할 텐데.'
 나의 소원은 막내의 합격 또 합격이다.

 이 생명이 세상 다 버리고 저세상으로 간다고 해도 막내의 합격은 보아야 한다. 나의 행복보다 자식들의 건강과 행복을 위하여 살고 싶다. 처녀 때와 같이 억척으로 딸들을 돌보면서 열성적으로 생활하며 후회 없이 살리라.

1992년

나도 엄마가 되고서야 엄마 마음을 조금은 알게 되었다. 딸이 아플 때, 딸이 내 맘대로 안될 때, 대학 보내기 버거울 때, 어렵고 힘들 때마다 엄마는 그 많은 딸을 어떻게 키웠을까 생각하면 좀 더 버틸 힘이 나곤 했다.

 엄마에게 '우리 키우느라 얼마나 힘들었어'라고 물으면 늘 이렇게 말씀하셨다.
"너희가 공부도 잘하고 장학금도 많이 타오고, 선물도 다른 집보다 더 많이 받으니 더 행복하단다."
 어떤 일이 힘에 부치면 '젖 먹던 힘까지 보태'라는 말이 있다. 하지만 '처녀 때같이 억척으로'라는 말은 엄마에게서 처음 들어본다. 그 힘으로 딸을 돌보시겠다는 다짐에서 삶이 얼마나 힘에 부치셨는지 짐작이 간다. 하지만 그 큰마음을 다 알 수 있다고는 감히 말할 수가 없다.
 오늘 막내에게 몇 학번이냐고 물어봤다. 93학번이라는 답이 왔다. 추정해 보니 이 일기가 92년 겨울에 쓰셨다면 엄마는 소원을 이루셨다. 막냇동생이 93년 3월에 대학에 들어갔으니까. 이제라도 마음속으로 크게 외쳐 본다.
"우리 엄마 만세."

흰머리

　아침부터 온종일 일하고 나니 다리도 아프고 너무 피곤해서 뜨거운 물에 목욕했다. 30분 정도 목욕을 하고 머리를 빗는데 귀밑에 흰머리가 유난히도 반짝거렸다. 나이가 들면 다 생기는 거지만 어느새 이렇게 보기 싫은 머리카락이 생겼나 생각하니 심장이 쿵쾅거린다. 그래도 친구들에 비하면 흰머리가 늦게 난 것이다. 61세에 몇 개 보이는 흰머리는 놀라운 일이 아니다. 하지만 앞으로 백발이 될 것을 생각하니 너무 싫어서 염색을 했다.

　이제부터 더 늙기 전에 나를 위해 밝은 표정으로 더 즐겁게 살아야겠다. 나의 남은 시간을 값지게 살아 후회를 남기지 않아야 한다. 건강하게 살면서 알뜰하게 생활하고 희망찬 세월을 보내야지. 그리고 자식들의 출세와 행복을 위하여 평생을 다하리라 다짐한다.

　부모는 자식들의 건강과 영원한 행복을 위해 일생을 바치는 거다.
　나도 부모님이 그리 키웠듯이….

1992년 1월 13일

　흰머리에 심장이 쿵쿵하는 엄마의 모습이 내 모습처럼 친근합니다. 흰머리가 나기 전에는 엄마가 지나온 길을 내가 그대로 밟고 가게 될 줄은 예전엔 미처 몰랐습니다. 늘 밝은 표정으로 즐겁게, 희망차게, 후회 없이 살겠다는 엄마의 말씀은 지금 이 순간을 충실하게 살겠다는 표현이겠지요? 내가 늘 외치고 다니는 말 '카르페디엠' (지금 이 순간에 충실하라)이라는 말도 우리 엄마가 원조인 줄은 예전에 미처 몰랐습니다. 그리고 엄마의 좋은 유전자 덕분에 우리도 흰머리가 늦게 난 줄도 예전엔 미처 몰랐습니다.
　엄마가 우리를 그리 키웠듯이, 제 두 딸도 제가 간 길을 잘 밟고 갈 수 있도록 잘 살아야겠다고 다짐해 봅니다.

손은 두 개 보따리는 세 개

　나는 왜 편하게 태워다 주는 차비가 그렇게 아까웠는지 모르겠다. 그래서 값이 싼 완행 기차를 기다리다가 동태가 될 뻔한 적도 있다.

　한겨울에 서울로 물건(주문 들어온 양복감)을 하러 갔을 때의 일이다. 그날 산 물건은 양복감 외에 인형, 유리 제품, 책 싸는 비닐 한 마기 등이 있는데 보따리가 세 개가 되었다. 팔은 두 개인데 물건 보따리는 세 개다. 전철에서 내릴 때 두 개를 내리고 나머지 한 개를 내리려는데 문이 닫히려고 했다. 어떤 여자보고 좀 도와 달라고 하니 대답도 안 하고 내린다. 어떤 학생이 들고나와서 겨우 물건을 내릴 수 있었다.
　그날도 직행열차 두 대를 보내고 완행 기차를 탔다. 배가 고픈데도 집에 가서 저녁 맛있게 먹어야지 하며 400원짜리 가락국수도 안 사 먹고 참았다. 완행 기차를 기다리는 사람은 나뿐이었다. 점점 뱃속에서부터 온몸이 얼어붙는 것 같아 할 수 없이 역무실로 갔다. 역무실은 따뜻했고 역무원은 3명 있었는데 모두 따뜻한 난롯가에서 얼굴이 빨갛게 달아올라 있었다. 몸을 좀 녹이고 싶다고 하니 들어오라고 했다. 그리고 왜 열차를 안 타셨냐고 물었다. 나는 엉겁결에 누구를 기다린다고 말했다.

　먹는 것은 영양 문제가 있으니 먹여야 하고, 학교에 들어가는 돈은 어차피 써야 하니, 아낄 수 있는 것은 택시 안 타고, 비싼 기차 안 타고, 내가 쓰고 싶은 것 안 쓰는 수밖에 없다고 생각하며 살았다. 그렇다고 지금 그때가 후회되는 것은 아니다. 엄마로서 마땅히 해야 할 일을 한 것이다.

 우리 교육이라면 무엇도 아끼지 않은 두 분이셨다. 그때는 일주일에 한 번씩 학교에서 저금을 받았다, 그날이면 모든 딸에게 한 번도 안 빼놓고, 얼마인지는 잘 기억은 나지 않지만, 지폐를 넣어 주셨다. 잃어버리지 말라고 신신당부하며 책가방 깊은 곳에 넣어 주시던 생각이 어렴풋이 난다. 그 덕분에 나는 은행장 상도 받았다.
 엄마는 저축은 쓸 것 다 쓰고 하는 게 아니며 먼저 저축하고 남은 돈으로 써야 한다는 것을 손수 보여 주셨다. 그리하여 어린 나는 저축은 꼭 해야만 하는 걸로 알고 자랐다. 그런데 엄마가 점심값과 기차비를 아끼면서 저축비를 주셨다는 것을 그때는 미처 몰랐다.

백태 수술과 거짓말

일곱째 딸 초등학교 3학년 때의 일이니 오래전 일이다. 춘천에서 서울까지 다니는 경춘선 기차가 완행 한번 직행 한번 번갈아 다니던 것이 직행이 두 번 오고 완행이 한번 오는 거로 바뀌었다.

 일곱째 딸아이 신발을 사주려고 춘천에 갔다가 안과에 들렀다. 백태 수술에 관하여 물어봤다. 별로 어려운 수술이 아니라고 해서 눈을 맡겨 주었다. 눈약 한 방울로 마취를 하고 수술하는 데는 한 시간도 안 걸렸다. 한쪽 눈으로 앞을 보니 잘 보였고 크게 아픈 것 같지도 않았다.

 버스를 타고 남춘천에 와서 가평 가는 기차를 기다렸다. 30분쯤 기다려 기차가 왔는데 직행이었다. 완행은 400원도 안 되는데 직행은 춘천에서 서울까지도 800원이고 가평까지도 800원이었다. 그 돈을 아끼려고 한 시간에 한 번씩 오는 직행열차 두 번을 보내고 완행을 탔다. 수술한 지 3시간이 넘으니까 마취가 풀리는지 눈이 빠질 것처럼 아팠다.

 딸은 기차가 올 때마다, "엄마 사람들 다 타고 한 사람도 없어요. 우리도 가요."라고 했다. 나는 차마 기차비가 비싸서 안 탄다고 하지 못하고 눈이 아파서 다음 차 타고 가자고 거짓말을 했다.

1984년 10월

이 이야기는 엄마한테 들었던 기억이 난다. 들꽃 같은 엄마가 자식 키운다고 억척스러운 엄마가 되었다. 외동딸로 자라면서 밥도 한 번 안 해보고 자랐다고 들었다.
'에구, 수술을 하시고도 400원 아끼자고.'

수술하러 가셔서 동생 신발을 사준 것이 아니라 신발을 사러 가셔서 준비도 없이 수술하고 오셨단다. 아마도 생각했던 것보다 수술비도 비싸지 않았고, 입원하지 않고 짧은 시간에 끝나는 수술이라 내친김에 하셨을 것이다. 입원을 하게 되면 집안 살림이며 우리 뒷바라지할 사람이 없었을 터이니.

나는 엄마의 이런 이야기를 들을 때면 가슴이 먹먹해지다가 이런 결심을 한다.
'나는 우리 딸들에게 가슴 먹먹한 엄마가 되지 말아야지. 엄마를 생각하면 행복해지는 엄마가 되어야지.'
과연 난 잘할 수 있을까?

신나게 살던 단칸방

 이불을 얼굴까지 쓰고 잠을 자려고 하는데 옛날에 단칸방에서 아이들 키우면서 돈을 벌던 시간이 떠오른다. 그때는 돈을 두고도 가게 딸린 집에서 세를 살았다. 방 한 칸에 좁은 부엌에서 신나게 살던 때가 머리를 스쳐 지나간다.
 여섯째가 뱃속에 있었고 다섯 명의 딸들과 우리 부부 해서 단칸방에 7명이 나란히 누워서 잠을 잤다. 아이들 요강 찾아주랴 기저귀 갈아주랴 이런저런 심부름을 하다 보면 내가 누웠던 자리가 없어진다. 또 좁은 자리에 누워서 자는 둥 마는 둥 하다 보면 날이 밝아온다.
 일어나서 청소하고 밥 지어서 도시락 몇 개씩 싸고 머리 빗기고 예쁜 옷 찾아 입히고 학교에 보냈다. 그러고 나서 7명이 벗어놓은 빨래하고, 집안 청소하고 설거지하고 나면 점심 때가 된다. 잠시 앉아 볼라치면 남편이 점심 먹자고 한다. 점심 먹고 나면 아이들은 친구들 데리고 와서 언제 청소했느냐 싶게 온 집안을 어지럽혔다.
 '그래도 그때는 희망도, 꿈도 많았는데.'

 지금은 32평 넓은 집에서 남편과 둘이서 시원한 방, 따뜻한 방, 환한 방, 공기 좋은 방, 이리저리 골라 다니면서 쓴다. 하루하루 자식들 잘되기만을 바라며 산다. 아이들 김치도 담아주고 놀러 다니면서 살지만 쓸쓸하다. 아이들 키우면서 열심히 살던 젊은 날이 그립다.

2023년 11월 12일 바람이 분다

오늘 동생과 엄마를 만나러 갔다. 한 말 또 하고 또 하시던 엄마가 점점 말씀이 없어지신다. 지난 기억이 뒤죽박죽되고 모든 기억이 저장되지 않으면서 말수가 적어지셨다. 표정도 없어지고 순한 아이 같은 모습이시다. 저수지가 보이는 베이커리 카페에서 차를 마시며 엄마의 오래된 추억을 소환해 드리고 사진도 보여 드렸다.

"엄마, 우리 키우느라 힘들었지" 했더니 "건강하게 자라줘서 하나도 힘들지 않았다"고 하신다. "세상에 너희들처럼 말 잘 듣는 딸이 또 어딨니?" 하신다.

돌아오는 길에 동생이 이런 말을 했다.
"언니, 인생은 바람에 뒹구는 비닐봉지 같데. 비닐봉지가 바람의 힘을 거역할 수 없는 것처럼 인생은 내 맘대로 안 되는 거라네." 그렇다. 내 삶을 돌아봐도 그렇다. 바람에 이리저리 쏠리다 보면 웃을 일도 생기고 시궁창에 처박히기도 하고 언제 무슨 일이 생길지 알 수 없이 우리는 인생에 부딪힌다.

28평 좁은 집에 시부모와 함께 살면서 둘째 시누 딸 두 명이 서울에 진학하여 함께 산 적도 있고, 큰 시누는 애들 돌봐주느라 같이 살았고, 한때는 남편 사업이 잘 안되어 생계를 책임지기도 했다. 엄마와 나의 삶이 뒹구는 비닐봉지의 모습과 다르지 않아 보였다.
오늘은 바람이 유난히 불었다. 바닥에 떨어진 나뭇잎이 회오리를 일으키며 휘돌았다.
헝클어진 내 마음 같다.

엄마 향기

딸이
많아도
어느 하나라도
없었다면
안 되었을
것 같다.

02

엄마의 배팅

오늘은 TV에서 딸 때문에 울고 웃던 이야기를 했다. 딸 일곱을 낳은 엄마가 인기상을 탔는데 그 여자들이 하는 말들이 모두 나와 연결되는 말이다. 한 번만 더 다음에는 꼭 아들일 거야 하면서 여덟 번을 울고 웃고 했었다. 병원에도 안 가고 죽을 고생을 하면서 아들을 낳으려고 애쓰던 생각이 새삼 떠오른다.

 누가 뭐라고 하는 사람은 없었지만 나 자신이 자존심이 상해서 세상을 버리고 싶을 때도 있었다. 아들 되는 약을 아무도 모르게 새벽에 마시기도 하고, 예방이라는 헝겊 주머니를 목에 걸고 목욕을 제대로 못 한 적도 있었다. 낳다 보면 아들을 낳을 수 있을 거라고 믿으면서 고생을 했건만. 결국은 42살에 막내딸을 낳았다.

 하지만 나의 딸들은 효성이 지극하고 우리 부부는 아들 가진 사람보다 행복하고 즐겁게 산다. 무슨 큰일이 있으면 저희가 모여서 일을 순서 있게 잘하고, 사위들도 아들 못지않게 서로 사랑하고 처가에도 잘한다. 딸이 많아도 어느 하나라도 없었다면 안 되었을 것 같다. 모두 잘 살고 부모 마음을 행복하게 해준다.

결혼 후 20년 넘게 친정에 간 횟수가 10번이나 될까? 그래서 나에겐 결혼 후 20년 넘게 엄마 아빠 동생들과의 추억의 페이지가 없다. 그리고 특히 엄마가 젊은 할머니였을 때의 모습을 보지 못한 것이 제일 아쉽다.

세월이 훌쩍 뛰어넘어 나도 이제 두 딸의 엄마이고, 손자 손녀의 할머니가 되었다. 나는 딸이 부르면 모든 일을 제쳐놓고 달려간다. 우리 딸과 젊은 엄마 시절의 추억을 많이 만들고 싶기 때문이다. 그리고 손자 손녀에게 제일 젊고 이쁜 할머니로 기억되려고 친구처럼 논다.

여덟 번 가위바위보를 해서 모두 이기거나 질 확률은 얼마나 될까? 엄마는 그 확률을 믿고 여덟 번이나 아들에 당신의 몸을 걸고 베팅을 했는데, 하늘도 무심하시지. 열 손가락 깨물어 안 아픈 손가락 없고, 자식 많으면 바람 잘 날 없다는 말에 베팅했더라면 고생을 덜 하셨을 텐데.

후후, 다행이다. 우린 엄마의 도박 덕분에 모두 아름다운 지구별 여행자가 되었으니.

옛날과 지금

 요즘 세상은 사람들을 편하게 해준다. 문화가 발달하여 먹을 것도 많고, 입을 것도 많고, 풍요로운 생활은 요술투성이다. 여행도 가려고 마음만 먹으면 세계 어느 나라고 갈 수 있으니 옛날에는 생각도 할 수 없었던 세상이 왔다.

 그러나 옛날에는 평생을 일하면서 살아야 하는 줄 알고 살았다. 그때는 맑은 공기, 맑은 물을 먹을 수 있었고 농약 없는 채소를 먹을 수 있어서 좋았다. 그런 생각을 하면 평생을 짐승처럼 살다가 세상을 떠난 조상들이 불쌍하기도 하고 부럽기도 하다.

 문화는 더할 나위 없이 발전하여 좋은 점도 있지만, 점점 무서운 세상으로 변하는 것 같다. 음식은 마음 놓고 먹을 수도 없게 되었고, 밤에 마음대로 나갈 수도 없다. 옛날에는 호랑이가 무서웠다지만 지금은 사람이 더 무섭다. 맑은 물과 신선한 채소를 먹을 수 있었던 때가 그립다.

1995년 12월 4일

자식이 많다 보니 먹거리에 신경을 쓰지 않을 수 없었던 엄마의 마음이 보인다. 엄마가 영양에 신경을 써서 차려주신 밥상 중에 지금도 생각나는 것이 있다. 돼지 뼈를 푹 고아 낸 물에 콩을 갈아 넣고 배춧잎을 넣어 만든 콩탕이 제일 먼저 생각난다. 지금 생각해 보니 뼈의 칼슘과 콩의 단백질, 거기에 채소의 섬유질과 비타민까지 한방에 섭취할 수 있는 영양소 만점인 음식이었다. 아빠와 같이 직접 순대를 만들어 주셨고, 눈에 좋다고 소의 생간을 먹였고, 선짓국도 생각난다.

 그 바쁜 와중에도 작은 텃밭에는 항상 상추, 토마토, 고추, 오이, 호박, 완두콩을 심었으니 유기농 채소를 먹고 자란 셈이다. 병아리도 키워 약병아리가 되면 잡아서 삼계탕을 만들어 주셨다. 명절 때는 꼭 사골 국물에 떡만둣국을 해 주셨는데, 어릴 적에는 고기 살 돈을 아끼려고 그러시는 줄 알았다. 사골 뼈가 살코기보다 비싸다는 것은 시집와서 알았다.

 아빠는 마당에 둘러앉아 불을 피우고 구들장 납작한 돌 위에서 삼겹살을 구워 주셨다. 골고루 나눠 주려고 구운 고기를 큰딸부터 순서대로 돌아가며 주던 추억도 떠오른다. 우유를 배달해 먹였는데 먹기 싫어서 엄마 속을 태웠다.

 그런 엄마 아빠의 정성으로 우리 딸 여덟은 초등학교 졸업할 때 모두 6년 개근상을 탔다. 알고 보니 이 모든 음식은 맑은 물, 신선한 먹거리를 먹여야 한다는 엄마의 고민에서 나온 것이다.

보고 싶은 엄마

 어머님!
 이 딸 어머님이 도와주셔서 잘 살고 있습니다. 어머님의 슬하에 있을 때 식사 한번 내 손으로 차려드리지 못하고 어리광만 부렸습니다. 외동딸이라고 설거지 한번 안 시키시고 세상에 하나밖에 없는 딸처럼 키워주셨습니다.

 그러다 6.25사변이 나서 오빠를 잃게 되고 집안은 풍비박산이 났지요. 서울로, 용인으로 피난살이를 하면서 때를 굶어야 했고, 입을 것 잠잘 곳도 없어서 고생하셨지요. 그러다가 돌아가신 오빠 생각에 몸이 약해지셔서 비참하게 돌아가셨습니다.
 용인 어느 야산에서 돌아가신 어머님을 생각하면 이 딸은 가슴이 미어집니다. 딸들이 제게 잘해 줄 때면 이렇게 좋은 세상 구경도 못 하시고 간 어머님이 더욱 생각납니다. 지금도 하늘에서 이 못 난 딸을 도와주셔서 잘 살아가고 있는 것 같습니다.
 지금 어머님, 아버님을 다시 한 번 모실 수 있다면 누구보다도 잘하는 딸이 될 것 같은 마음입니다. 어머님 아버님 극락 세상에서 오빠와 행복하게 잘 지내시리라 믿으면서 이 세상을 끝내는 날 어머님 전으로 가겠습니다.

1988년 12월 20일

 나의 외할머니는 그러니까 엄마의 엄마는 1950년 7월 15일 용인 어느 들판에서 돌아가셨다. 외할머니는 엄마가 결혼하기 전 전쟁통에 돌아가셨으니 나는 외할머니를 보지 못했다.
 사실 우리는 딸이 많다는 이유로 엄마에게 소홀할 때가 많다. 내가 아니면 다른 누군가가 하겠지 하게도 된다. 엄마가 우릴 키울 때는 딸 많아도 하나하나 소중하게 키웠는데. 엄마는 외할머니한테 딸 노릇을 제대로 하지 못했다고 하시며, 우리는 늘 엄마에게 고마운 딸 들이라고 하신다. 돌아가셔서도 외할머니가 엄마를 잘 돌봐 주셔서 이렇게 행복하다고 하신다.
 입이 열 개라도 할 말이 없다. 나는 부끄러운 딸이다.

선희 교사 발령 축하

선희야 고맙다.
남에게 지기 싫어하는 선희야
긴 세월을 오직 공부로 18년
힘들었던 시간도 이제는 끝났구나.
그러나 앞으로 지나간 시간보다
더 큰 어려움이 많단다.
사람들과 잘 지내고 학생을 가르치는 일은
공부하던 때보다 더 어려울 것이다.
모든 것을 잘하는 너는 교사도 잘하리라 믿는다.
정말로 너의 발령을 축하한다.
선희야 고맙다.
목표 달성 승리 파이팅!

1993년 2월 13일

선희는 여섯째 딸이다. 무엇이든 1등을 해야 직성이 풀리는 동생이었다. 초등학교 때는 깡다구 하나로 핸드볼 주장도 하고 친구들을 몰고 다녔다. 중학교 수석 입학, 교원대학교 1등 졸업, 중등 임용고시도 1등 한 수재다. 남편 따라 영국에서 석사학위 받고 지금은 미국에서 자식 교육에 매진하며 글로벌하게 살고 있다.

 나는 버스도 들어가지 않는 전교생이 140명인 학교로 발령을 받았다. 학교 사택에 살았는데 내가 발령 난 바로 전 해에 전기가 들어왔다. 아이들과 앞개울에 나가 수업을 하고 축구도 하던 시골 마을 꿈 많은 처녀 선생님이 되었다. 아이들과 축구를 하면 그 애들의 까만 고무신이 공보다 더 멀리 날아갔고, 자기 고무신 찾느라 아우성치었던 시절, 난생 처음 아궁이에 불을 때고 밥을 해서 먹었다. 아침 일찍 사택으로 찾아와 커다란 고구마를 안겨주고 간 여자아이는 지금쯤 무엇을 하며 살고 있을까?
 사회 초년생이다 보니 사사건건 시시콜콜 트집 잡고 제왕처럼 군림하는 교장 선생님과 자주 마찰이 생겼다. 그때도 엄마는 교육청에 일을 보러 나오는 학교 아저씨를 통해 음식과 소소한 생필품을 바리바리 챙겨 보내 주셨다. 거기에는 가끔 맥주와 마른안주도 들어 있었다. 스트레스 풀어버리라고 술까지 사서 보내주시던 울엄마

 엄마의 일기 안에는 딸들이 사회 첫발을 내딛는 기쁨과 함께 사회생활을 잘 해나가기를 바라는 새로운 걱정이 시작된다. '딸 많이 낳은 것이 죄인'이라는 엄마의 말을 '딸 많이 낳아 걱정이 많았다'로 바꿔 읽어 본다.

 요즘 말로 울엄마는 딸바보에 울트라 맘이다.

하얀 눈

흰 눈은 슬픈 마음을 달래준다.
눈은 쓸쓸한 마음을 더 쓸쓸하게 한다.
눈처럼 흰 마음으로 살아야 한다.
눈은 온 천하를 깨끗이 한다.
눈은 요술쟁이다.
눈은 낙엽인 나무에 목화 꽃을 피운다.
눈같이 하얀 마음으로 살면
후회가 없을 거다.

엄마가 하얀 눈이 내리는 모습을 보고 계시는 한가로운 한때입니다.
눈을 바라보며 생각나는 대로 적고 있는 모습이 떠오릅니다.
 창문에 바싹 다가가 물끄러미 눈이 오는 모습을 바라보다 더없이 아름다운 한때를 간직하고 싶어서 펜을 들고 있네요. 그때의 엄마가 되어 두서없이 적어놓은 글을 다시 고쳐 봅니다.

 하얀 눈이 슬픈 내 마음에 소복하게 쌓입니다.
포근한 이불처럼 마음이 따듯해집니다.
하얀 눈이 온 천지를 하얗게 덮었습니다.
슬픔은 깨끗하고 하얀 마음으로 변했습니다.
앙상한 나뭇가지에 목화 꽃이 피었네요.
내 마음에도 꽃송이가 피어납니다.
하얀 눈은 슬픈 마음을 기쁨으로 만드는 요술쟁이입니다.
눈처럼 하얀 마음으로
후회 없는 삶을 살고 싶어요.

 그 바쁜 와중에도 엄마는 자연의 신비함에 늘 감탄하며 자주 이렇게 말씀하셨어요.
 "얘 큰애야, 꽃들은 흙 속에서 물만 먹고 어떻게 저렇게 아름다운 형형색색의 꽃을 피우는지 모르겠다. 정말 신기하지 않니?"
 그래서 엄마 그림에는 유독 꽃 그림이 많은 것 같습니다.

괜스레 쓸쓸한 날

 복잡하고 시끄러운 시장가에 가게를 운영하며 살았는데 이곳으로 이사를 오니 여기는 한적한 시골 기분이 난다. 오늘따라 앞산 논과 밭의 풍경이 쓸쓸하다. 사람이 그립고, 시장 보는 일도 불편하다. 효숙이가 약국을 이 근처에 내는 바람에 덜컥 집을 사서 이사를 했다.
 둘째 손자 한별이를 봐줄 때는 재롱부리는 것을 보느라 하루가 잘 지나갔다. 제 엄마 따라 집으로 가고 나니 더욱 쓸쓸하다.
 오늘은 큰딸부터 막내까지 이런 생각 저런 생각 걱정거리만 떠오른다.

첫째는 시집살이하느라 힘들고,
둘째는 맞벌이하느라 힘들 테고,
셋째는 벌려놓은 큰 사업이 잘 되는지 걱정이다.
넷째는 막냇동생 데리고 있어서 눈치 보며 살까 걱정이고,
다섯째는 약국 하랴, 집안 살림하랴 고생하고,
여섯째는 영국에서 학비 마련하랴 공부하랴 힘들 테고,
일곱째는 서울에 있는 대학에 가야 할 테고,
막내는 언니 말 잘 듣고 잘 지내는지.
공부는 시켰지만, 딸들이 맞벌이하며 힘들게 사는 것 같아 걱정이다.

1988년 8월 29일

복작복작 살 때는 사느라 정신없어 생각할 시간도 없었던 엄마가 오늘은 유난히 울적한가 보다. 딸들이 보고 싶고 그리운 날이다.

가지 많은 나무에 바람 잘 날 없다고 누가 말했나. 그렇다. 산다는 것은 녹록한 일이 아니다. 그러니 엄마의 마음에는 바람 잔잔한 날이 얼마나 되었을까 싶다. 비 오는 날은 부채 장수하는 자식 걱정, 해 나온 날은 우산 장수하는 자식 걱정이라고 여덟 손가락 중에 걱정거리가 걸려들지 않는 날이 며칠이나 되었을까?

나도 나이가 들면서 괜히 심드렁해지는 날이 있다. 겨울 문풍지 사이로 바람 들어오는 것처럼 마음 시린 날이 있다. 그러면 괜히 딸들에게 전화를 건다. "김치 해 줄까?" "뭐 먹고 싶은 거 있으면 말해봐, 엄마가 해 줄게." "우리 손자는 잘 있지." 그러다가 "그냥 보고 싶어서" 하고 끊는다. 목소리만 들어도 마음이 한결 좋아진다. 오늘은 올 엄마가 그런 날이다. 이런 날 누구라도 엄마 곁에 있었더라면 좋았을 것을⋯.

엄마와의 약속

 우리 집은 아들 둘에 딸 하나로 부모님 슬하에서 고생을 모르고 자랐다. 어머님은 내가 하고 싶은 것은 할 수 있도록 도와주셨다. 무슨 일을 할 때도 어린 나와 의논을 해서 결정하셨다. 학교에 들어갈 때는 교복을 빨리 마련해 주셨고, 학급비 청소도구 같은 것도 미리 준비해 놓으셨다가 아침에 꼭 챙겨주셨다. 내가 하는 일에 안된다고 한 적이 없었다. 설날이면 떡국은 물론 내가 좋아하는 술떡을 꼭 해주시고, 소고기를 좋아하는 날 위해서 살코기를 다져서 구워주시고, 매일같이 주전부리도 많이 하게 해 주셨다.

 나의 어머님은 잘 사는 집 외동딸로 외삼촌과 남매로 귀여움을 받으며 자라셨다. 그러다가 11명의 식구가 딸린 집으로 14살에 시집을 오셨다. 시집온 지 11년만(25살)에 큰오빠를 낳으셨다. 아기를 못 낳는다고 멸시를 당하고, 시누 4명을 돌봐야 했고, 생지옥 같은 시집살이로 고생을 많이 하셨다.

 한번은 시집간 시누가 친정에 왔는데 꽃버선이 없어졌다고 한다. 시누들이 엄마한테 "아이를 못 낳는 저년이 예방으로 감추었다"라고 모함을 하기도 했단다. 엄마는 그런 이야기 끝에 나에게 이렇게 말씀하셨다
 "엄마는 네가 이 세상에 하나뿐인 내 딸이지만, 못된 시누 노릇을 하면 두 번 다시 안 본다."
 나는 그때 절대로 그런 시누가 되지 않겠다고 결심했다.

 그런데 큰오빠는 6.25사변에 강대국들의 전쟁터인 철원에서 장가도 못 가고 22세 젊은 나이에 억울하게 총에 맞고 돌아가셨다. 그날은 10월 15일 밝은 달밤이었다. 오빠가 끌려가 총살당한 곳은 우리 집에서 500m 떨어진 곳으로, 작은 아빠가 사시는 곳이었다.

오빠가 돌아가신 날 사람들이 우리 가족 모두 반동이라고 모두 죽여버린다는 말에 우리 가족은 들판에서 죽은 오빠의 시신도 거두지 못하고 도망 나왔다. 그날부터 우리 가족은 한숨과 슬픔으로 폭격기를 피해 피난을 다녔다. 오빠를 어느 곳에 버렸는지, 땅속에 묻었는지도 모르고 피난을 다녀야만 했다.

 어머님은 아들 생각에 화병이 나셨다. 치료도 못 받고, 약도 못 쓰고, 집도 없이 떠돌다가 야산 포탄 속에서 굶어서 돌아가셨다. 아버지와 남동생, 나 세 식구는 어머니 생각을 하며 잔디 위에서 한없이 울었다. 내가 19살이 되도록 엄마는 밥 한 번 안 시키시고, 설거지 한 번도 안 시키셨다. 그런 어머님이 큰오빠를 가슴에 안고 오빠를 따라가셨다.

 나는 딸만 낳았지만 오 형제 중에 둘째 며느리니까 다행히 나 때문에 손이 끊어지지는 않는다. 하지만 동생은 손을 이으려면 아들을 낳아야 했다. 그래서 아들 낳기를 간절히 바랐다. 지금은 동생도 장가를 들어서 아들딸 낳고 잘 산다.

 나는 어머니가 시누 노릇을 절대 하지 말라는 말을 잊지 않았다. 그리고 불쌍한 어머니를 생각하며 동생을 잘 돌봐야 한다고 생각했다. 그래서 내 딸들에게 줄 용돈도 아끼고, 추위에 떨면서도 몇백 원의 차비를 아끼고, 하루에 두세 시간만 자면서 열심히 살았다. 그렇게 모은 돈으로 동생을 많이 도와주었다. 올케한테 억울하고 비참한 말을 들으면서도 아무 말도 하지 않았다. 어머님 말씀을 지키기 위해서다. 말 상대를 해 봤자 싸움이 될 것이기 때문이다. 하지만 가끔은 말도 하지 못하고 산 생각을 하면 억울하기도 하다.

 그렇게 살았지만 딸들 다 대학 보내고, 시집 보내 잘들 살고 있으니 고생 끝에 낙이 온다는 말은 맞는다. 나는 지금 행복하다. 부모님이 저세상에서 돌봐 주신 덕분이다.

2001년 1월 5일

'네이이라 와이드'의 시에서 '흉터'를 이렇게 쓰고 있다.

흉터가 돼라
어떤 것을 살아낸다는 것을
부끄러워하지 마라

엄마의 이 글을 읽고 눈물이 나왔다. 전쟁통에 엄마(나의 외할머니)와 큰오빠(나의 외삼촌)를 잃어버린 것은 엄마의 흉터가 되었다
이 상처는 끝까지 남동생을 돌보고 우리를 키우는 단단한 흉터다. 평생을 아끼고 저축하는 삶을 만들어준 아픔이 아로새겨진 진한 흉터다. 딸 여덟을 외동딸처럼 키우게 만드는 위대한 사랑의 흉터다.

보고 싶은 어머니

나의 어머니는 1950년 7월 14일 12시경에 돌아가셨다. 오후 저녁 7시에 피난 나온 사람들이 도와주셔서 입으신 옷을 뜯어서 그 천으로 염을 해서 모셨다. 용인초등학교가 있는 뒤 야산 양지바른 곳에 모셨다. 우리 산도 아닌 산에 과일 하나 못 놓고 보내드려야 했다.

 돌아가신 지 한 달만에 추석이 돌아왔다. 피난살이 중이라 차례상에 올려 놓을 것이 없었다. 도시락에 양쌀로 뫼를 지어 담고, 뚜껑에는 아버지가 잡아 오신 잉어를 구워서 산소로 갔다. 잔디도 하나 없는 황토로 된 묘를 보니 다시 파서 어머니 얼굴을 보고 싶었다. 한참을 동생과 울다가 옆을 보니 옆 산소에 온 사람들은 상복을 입고 음식도 잘 차려 가지고 와서 절을 하고 있었다. 그때 부러운 마음은 어느 것에도 비교할 수가 없었다. 나의 처지가 너무 부끄러웠다.

 아버지는 산소에 같이 오지 못했다. 우리 남매 둘만 산소에 갔다. 우리 살림은 이불 한 채와 밥솥 하나, 우산, 깡통, 낚싯대가 전부였는데, 누군가가 그것마저도 가져갈까 봐, 아버지는 살림살이를 지키고 계셔야만 했다. 아버지는 우리가 천막으로 돌아오지 않자 야산 위로 올라와서 우리를 부르셨다. 그 산에는 피난 온 사람들 수백 명이 천막을 치고 지냈다. 눈만 감으면 솥이고 뭐고 무엇이든지 가져가니까 아버지는 그 물건이 보이는 곳에 서서 오라고 큰소리로 우리를 부르고 계셨던 거다.
 어머님이 돌아가셨을 때는 내가 그 세간을 지키느라 어머니의 마지막 가시는 길도 보지 못했다. 어릴 때 어머니가 돌아가시면 나도 같이 죽겠다고 늘 어리광을 부렸건만 마지막 가는 길도 배웅하지 못했다. 세간을 지키다가 하늘을 쳐다보니 양떼구름이 온 하늘을 덮고 있었는데, 어머니가 선녀가 되어 천당으로 가시는 모습으로 보였다. 그러더니 그 예쁜 구름이 비구름이 되어 검은 동물과 무서운 하늘이 되었다.

 나는 그 이후 시집살이하고 고생만 하셔서 좋은 곳에 가셨을 거라고 생각하며 열심히 살고 있다. 아들은 못 낳았어도 예쁘고 건강하고 머리 좋은 딸이 있고, 먹을 거 입을 것 부족한 것이 없다. 집도 있고 돈도 조금 있다. 딸들이 해 준 옷도 많고, 냉장고에는 과일, 고기, 없는 거 없이 채워 놓고 산다. 바라는 것은 딸들이 마음먹은 대로 잘 되기를 바라는 것뿐이다.

2001년 1월

영화에서나 볼 수 있는 비극적인 장면들이 실제 엄마의 삶이었다니. 그 모습을 상상하는 것만으로도 가슴이 먹먹하다. 어떤 상처는 생물처럼 진화하기도 한다.

나이가 90에 가까워지시면서 아끼는 습관은 심각한 증상으로 변해갔다. 겨울에는 몸에 열이 많다며 난방을 하지 않으시고 좀 쓸만한 물건은 나 죽고 나면 버릴 거지 하시며 자꾸 나눠주셨다. 엄마 집에 가는 것이 고통스러울 정도로 남루한 세간들만 가지고 사신다.

요즘 쓰레기장에는 아직 더 쓰고도 남을 유용한 물건들이 쏟아져 나온다. 엄마는 쓸만한 물건이 버려지는 것을 못마땅해 하셨다. 그 때문에 웃지 못할 일도 있다. 한번은 엄마 집에 가니 골프채 한 세트가 있었다. 쓰레기장에 나온 물건을 들고 오신 거다. 너희들 골프 치니까 한 개씩 나눠주려고 들고 왔다고 하신다. 그것 말고도 가끔 낯선 물건들….

무엇이라도 딸들에게 주어야 하고 아껴야 한다는 강박증이 엄마를 자꾸 코너로 몰아세운다.

아버지, 죄 많은 딸은 오늘도 웁니다

 아버지! 아버지! 소리치며 한없이 불러 보아도 대답 없는 아버지.
 가슴이 뛰고 호흡이 정지될 것만 같습니다. 아버지에게 불효한 이 딸은 어떻게 하라고 그리도 불쌍하게 가셨나요. 철없던 저의 행동을 생각하니 아버님이 더 보고 싶고 불쌍합니다.

 이 철없는 딸은 어머님이 돌아가시고 홀로 외로우셨을 아버님을 위로해 주기는커녕 말 한마디 따뜻하게 못 한 것을 생각하면 저 자신이 죽도록 미워서 견딜 수가 없습니다. 말도 되지 않는 말로 아버님을 가슴 아프게 한 것을 후회합니다. 가슴이 뛰고 숨이 차오르는 괴로움을 어이하면 좋을까요?

 법 없이도 살 수 있는 아버님! 천당에서 어머님과 오빠와 만나서 이승에서 못다 한 행복을 누리시길 바랍니다. 저승에서라도 천년만년 행복하시기를 바랍니다. 오늘도 이 죄 많은 딸은 웁니다.

1996년 5월 22일

외할아버지는 내가 3학년 때 돌아가셨다. 낚시를 좋아하시고, 곰방대에 담뱃가루를 넣어 담배를 피우셨다. 늘 한복을 입고 다니시던 기억이 난다. 우리 자매들을 무척 예뻐하셨다.

그 시대 여자가 시집가서 친정아버지를 모시고 산다는 것은 쉬운 일이 아니었을 것이다. 엄마는 19살, 철도 들기 전에 어머님을 여의고 남동생과 아버지를 모시고 살아야 하는 것이 큰 중압감이었을 것이다. 그래서 외할아버지에게 맘껏 잘해드리지 못한 것이 죄책감으로 남아 있다. 더군다나 챙겨야 할 식구는 많고, 남편이 운영하는 일도 엄마 손이 많이 갔다. 그래서 여자는 약해도 엄마는 위대하다고 하지 않던가.

자유와 독재

옛날 양반이나 지주들은 지금의 최고 부자보다 세도가 좋았다. 지금은 돈 많은 사람이라도 돈 없고 가난한 사람을 마음대로 부릴 수 없다. 자유의 세상이 되었다. 먹기 싫으면 안 먹어도 되고, 일하기 싫으면 안 해도 되고, 자고 싶으면 자도 된다. 아무 데서나 노래하고 춤을 추어도 말할 사람이 없다. 이 얼마나 살기 좋고 자유로운 세상인가.

먼 옛날 보릿고개 기근이 와서 자식을 업고 가던 엄마가 고개를 넘다가 등에 있은 자식이 개로 보여 잡아먹었다는 이야기를 들었다. 그 고개가 지금도 애잡이 고개로 남아 있다고 한다.

36년 동안의 일제 강점기 때는 농부들이 농사를 지으면 공출로 빼앗아 가고 배급받은 쌀로 어렵게 살았다. 지금은 개도 안 먹는 콩깻묵, 수수 보리 이런 것들도 없어서 배부르게 먹지 못했다. 공출하고 남은 쌀도 감춰 놓으면 일본 놈의 앞잡이가 쇠꼬챙이로 땅을 찔러 찾아서 빼앗아 가고는 배급표도 안 주었다. 죽지 못해 멀건 죽으로 연명했다. 밤에는 등잔불 밑에서 길쌈을 하고 버선을 깁고, 동이 트면 논밭에 나가 땅거미가 질 때까지 일하고 어두운 부엌에서 밥을 지어 먹었다. 탈것이 없어서 장을 보러 갈 때는 머리에 이고 등에 지고 산길을 십 리 이십 리 걸어가야 했고, 그것을 팔아서 석유 반병 사 들고 왔다. 쇠고기는 명절이나 생일날이 되어야 먹을 수 있었고, 채소와 산나물 들나물로 배를 채웠다. 지금처럼 관광이라는 것은 생각지도 못했고, 자기가 난 곳에서 자라 그곳에서 죽었다. 그때의 그 순진한 사람들은 고생하면서도 다 그렇게 사는 줄 알고 불평 하나 할 줄 몰랐다.

지금은 자연재해나 자기들의 관리 부족으로 피해를 보고도 정부한테 보상하라고 소리치며 데모를 한다. 그리고 생활은 너무나 편리해졌다. 냉장고, 티브이, 세탁기가 집집마다 있고, 손가락 하나만 누르면 밥도 해 주고 빨래도 해 준다. 컴퓨터가 있어 말할 수 없이 편하게 생활을 할 수 있다. 그런데도 불평은 많다.

그러나 지금은 맑은 물이 부족하고 공기가 탁하고 일회용품이 늘어나고 쓰레기가 많아져서 걱정이다. 버린 물건만 주워와도 살림을 차릴 정도로 쓰레기가 넘쳐난다.

엄마 향기

하루의 반을
싱크대에 다리를
묶고 사는
인생이 여자라지만
딸들아,
여자의 권리를
찾아라.

03

여자의 권리를 찾아라

빈손으로 왔다가 빈손으로 가는 인생
여자는 남자를 낳는데
왜 여자는 땅, 남자는 하늘이란 말인가?
이치에 맞지도 않는 말
여자는 자기의 위대한 자리를
찾지 못하는 것 같다.
자식들을 위해 몸 바치고
자식을 위해 평생을 다한다.
죄 많은 것이 여자라지만
가족들의 인생을 책임지고
하루의 반을 싱크대에 다리를 묶고 사는 인생이 여자라지만
그러나 딸들아, 여자의 권리를 찾아라.

지금의 시선으로 보아도 우리 엄마는 강력한 여성해방 운동가다. 딸 여덟 모두 대학을 보내야겠다는 의지도 이런 생각에서 나왔을 것이다, 결혼해서는 부부 사이가 **평등하기를 바**라고, 사회생활은 당당하게 하길 바라는 마음이 한 줄의 문장에 강하게 녹아 있다.
"딸들아, 여자의 권리를 찾아라!"
그러나 나는 엄마의 바람대로 살지 못했다. 내게 출가외인이라는 말은 조선 **시대 이야기가** 아니다. 거의 20년 동안 친정에 드나들지 못했고, 가정의 화목을 위해서는 **시댁의 법도에** 따라야 했다. 학교에 출근했다 퇴근할 때면 타임머신을 타고 20세기에서 18세기로 들어가는 기분이 들었다.
시부모님 모두 돌아가시고 이제 친정을 맘만 먹으면 갈 수 있게 되었지만, **엄마는 어느새** 백발의 노인이 되셨다. 그래서 내겐 울 엄마의 젊은 할머니 시절이 없다. 나에게 젊은 할머니는 기억상실증처럼 백지상태다.

오늘은 남편의 70세, 칠순 잔칫날이다. 딸들은 모두 착하고 모두 효녀들이다. 서로 의좋고, 부모에게도 잘한다. 딸들 덕분에 잔치를 워커힐에서 했다. 가족이 모두 함께 모여서 맛있는 음식도 먹고 기념사진도 찍었다. 정말 즐겁고 행복한 날이다. 우리 부부가 70살이 될 때까지 살았다는 것도 행복하고 딸들 모두 건강하게 사는 것도 행복한 일이다.

하지만 내 마음 한편은 허전하다. 이럴 때 아들이 없는 것이 더 슬프고 눈물이 난다. 저희끼리 준비하는 모습을 보면 마음이 아프다. 아마 딸들도 오빠나 남동생이 없다는 외로움이 느껴질 것이다. 이렇게 경사스러운 날 동네 사람들 불러서 딸 자랑도 하면서 화려한 잔치를 하고 싶지만 그렇게 하고 싶지 않은 내가 밉다.
"딸들아, 너희들에게 짐이 되어 미안하다."

1995년 11월 26일(음력 10월 3일)

옛날에는 대청마루를 올라갈 때 밟고 올라가는 커다란 큰 돌이 마루 아래 놓여 있었다. 그 돌을 디딤돌(댓돌)이라고 한다. 내가 고등학교 다닐 때쯤일까? 엄마가 했던 말이 아직도 생생하다.
"난 이 세상에서 아버지와 아들의 신발이 댓돌 위에 나란히 놓인 게 제일 부럽더라."

좋은 날 아들 없이 받는 잔칫상이 오히려 얼마나 쓸쓸했을지….

귀여운 손자 군우

 군우는 여섯째 딸 선희의 아들이다. 그 애는 태어나면서부터 너무 귀엽고 보는 사람마다 뭐든지 잘한다며 장군감이라며 감탄했다. 어려서 응가할 때도 다리를 들고 볼일을 봐서 화장지에 받았다. 두 달이 되었을 때는 수건을 얼굴에 대고 얼굴 씻는 흉내를 냈다. 처음 내가 안아줄 때 나를 쳐다보는 그 눈빛은 어떻게 표현해야 좋을지 모르겠다. 너무 선하고 황홀하다.

 하루는 우유를 한 병 타서 물려주고, 그 옆에 다른 한 병은 더 타 놓고 밖에서 일하다 들어왔다. 한 병을 다 먹고 한잠 자고 일어나 나머지 병도 다 먹고 자고 있었다. 어릴 때부터 순하고 놀랄 만큼 영리한 아이였다. 군우의 웃음소리는 매일 들어도 더 듣고 싶을 만큼 영롱하고 맑은 소리를 냈다. 그 웃음소리는 그 애가 아니고는 누구도 흉내를 내지 못한다.

 6개월이 되었을 때는 앉아서 쉬를 했다. 오줌을 손으로 만지려다가 내가 들어오는 것을 보고 깜짝 놀라는 모습도 아가로서는 볼 수 없는 예쁜 행동이다. 일요일에는 엄마 아빠와 짜증도 내지 않고 잘 논다. 할머니도 같이 가자고 울 때도 있고, 엄마가 출근할 때는 울기도 하지만 어느 하나 예쁘지 않은 행동이 없다.

 두 돌이 지난 요즘에는 TV에서 본 것과 테이프에서 들은 말은 배워서 해 보는 것이 너무나 귀엽다. 오늘은 방에서 놀다가 주방으로 나와서 "할머니 죄송합니다." "미안합니다."라고 한다. 또 남편과 밖에 있는데 문을 열고 "너네들 뭐하니?" 한다.
 나는 내 손자 군우가 너무 예쁘다.

1999년 12월 31일

 엄마가 손자를 예뻐하는 모습을 보니 나도 나의 손자와 손녀, 똑똑한 제하와 귀여운 이현이가 아른거린다. 봐도 봐도 예쁘고 귀엽고 돌아서면 어느새 보고 싶은 게 손녀와 손자다. 군우가 응가 하는 것이 예쁘고, 오줌 만지는 것도 예쁘고, 반말하는 것도 귀엽다니. 딸 여덟 키우느라 힘드셔서 인제는 손자 봐주는 것도 싫을 만도 한데 손자가 그리 예뻤을까?
 말이 나왔으니 말이지 사실 손자와 손녀를 자랑하지 않으려면 참을성이 필요하다. 요즈음 결혼하지 않으려는 자식도 많고, 더더군다나 자식도 낳지 않으려는 추세다 보니 손자 손녀 이야기 꺼내려면 눈치가 보이는 것도 사실이다. 그래서 할머니 할아버지들은 꿀 먹은 벙어리처럼 카톡 대문 사진에 손자 손녀 사진으로 도배를 한다. 말로 다 할 수 없는 귀여움과 사랑스러움을 어디에라도 표출해야 하기 때문이 아닐까?

 이 세상에서 가장 아름다운 꽃을 말하라면 두말할 것도 없이 손자와 손녀일 것이다.

수원으로 이사하던 날

 넷째 딸, 수연아
이 세상을 다 파 보아도 그렇게 마음이 넓고 부모를 사랑하는 자식은 없을 것 같다. 냉장고, 세탁기, 청소기 모두 마련해 주고, 사위랑 둘이 와서 이삿짐 다 정리해 주고, 새집처럼 청소하고 싱크대도 새로 한 것처럼 정리하고 갔다. '진심으로 애썼다.'

 다섯째 딸, 효숙아
마음 착하고 돈 잘 버는 효숙이가 이 집 전세금 2,000만 원인데 1,000만 원을 도와주었다. 전자레인지, 도깨비방망이 덕분에 세탁기도 버리고, 장롱과 소파를 새로 마련했다.

 여섯째 딸, 선희야
둘이 영국 유학 가서 공부하느라고 집을 장만하지 못해서 걱정이다. 하지만 둘이 사랑하며 사는 것 같아서 조금은 마음이 놓인다. 지금은 우리 집에서 살고 있지만 건강하기만 하면 잘 살 수 있다. 내 나름대로는 도움을 주었다. 선희도 오늘 어린 군서 데리고 와서 청소하느라 힘들었다.

 일곱째 딸, 은경아
야무지고 깔끔한 은경이는 둘이서 사랑하면서 알뜰하게 사는 모습이 늘 믿음직하다. 가스레인지를 마련해 주고, 동엽 아범도 이사하는 데 많이 도와주었다. 은경이는 청소를 깨끗이 하느라 힘들었을 거다.

 여덟째 딸, 희남아
바쁘게 살면서도 둘이서 마음먹고 시간을 내서 왔다. 수민이가 아프지 않고 잘 자랐으면 좋겠다. 아프지 않고 서로 사랑하며 지내면 더 바랄 게 없다. 수민 아범이 50만 원과 비싼 복숭아를 사 왔다.

 이사한다고 딸들에게 피해가 컸다. 딸들 모두 건강하고 식구들 하는 일마다 잘 되고 사랑하면서 살아주길 기도한다.

　엄마가 수원으로 이사 오던 날의 기록이다. 동생들과 제부들이 합심하여 이사를 도와준 이야기를 간략하게 기록해 놓으셨다. 엄마와의 추억이 없는 잃어버린 20년의 어느 하루의 이야기가 나에겐 생소하기만 하다.
　동생들에게 그즈음에 엄마와 어떤 추억이 있었는지 들었다. 동생들이 들려준 이야기를 끊어진 시간 속에 챙겨 넣어 보았다. 상상만으로 지금의 내 나이 적 엄마를 만들어 내는 일은 쉽지 않았다. 생각할수록 몽롱하고 아득하기만 하다.

효녀 셋째 정숙이

바쁘게 살면서 어머니 생각을 많이 한다. 오늘 새벽 4시쯤 각종 반찬과 과자, 맛있는 음식을 해서 왔다. 이럴 때면 하늘나라에 가신 어머니 생각에 마음이 아프다.

나는 어머니에게 밥도 한번 못 지어드리고 귀여움만 받았다. 어머니는 피난 생활 중에 50일간 물만 드시다가 돌아가셨다. 그렇게 아프시면서도 우리 식구들의 밥을 해 주시던 생각을 하면 가슴이 아프다. 철없던 내가 원망스럽다. 이제 와서 후회한들 아무 소용이 없다.

셋째 정숙이는 "엄마는 세 살과 마찬가지야" 하면서 최선을 다한다. 그 말이 나를 더 아프게 한다. 딸들이 나에게 잘하면 잘할수록 더욱 어머니 생각이 난다.

지난 번에도 새벽 3시에 믹서기, 죽 만드는 기계, 코렐 그릇, 잣, 빵 세트, 과자, 사탕, 외제 카레, 소고기 이루 말할 수 없는 것들을 사 와서 갖가지 음식과 반찬을 해 주고 갔다. 내가 쓰는 물건도 쓸모없는 것들이라며 모두 가져갔다. 여기 두면 다시 쓸까 봐 가져가서 버린다고 했다.

"엄마, 더운데 조심해라." "추운데 따듯하게 지내라." "맛있는 거 해 먹고 사서 먹으라." 연실 전화한다.

엄마의 일기 속에는 외할머니 외할아버지 이야기가 많다. 가슴 아픈 기억을 쓰고 또 쓰시면서 당신을 괴롭히신다. 어머님 전상서, 아버님 전상서라고 부치지도 못할 편지를 써 놓으셨다. 지난 시절 철없어서 부모님께 다하지 못한 일들을 이제는 잊을 만도 한데 자꾸 꺼내서 가슴을 후비신다.

우리가족 작은 미술 이야기전

6월 22일

나와 여덟 명의 딸들이 한데 모여 '가족 미술 전시회'하는 날이다. 옷이 많은데 막상 입으려고 하니 입을 옷이 마땅치 않았다. 마이 50,000원, 바지 30,000원, 나시티 15,000원을 주고 새 옷을 사 입고 갔다. 전시회에 온 사람들이 모두 대단하다고 한다. 딸들이 자랑스러운 날이다. 정말 행복하다. 나는 딸에게 액자 값으로 60,000원을 주었다.

6월 26일

친구를 데리고 미술 전시회에 왔다. 11동 친구가 50,000원, 조성환 친구가 50,000원을 주었다.

6월 28일

일주일간의 '가족 미술 전시회'가 오늘 끝났다. 전시회에 오는 사람들마다 우리 딸들과 함께 하는 전시회를 진심으로 부러워했다. 나는 딸 자랑을 마음껏 할 수 있어 원 없이 좋았다. 나는 참 행복한 여자다.

2005년

우리 딸들은 부모에게 귀한 재산을 물려받았다. 엄마 아빠의 미적 감각과 예술적 소양이다.

 아버지는 양복점을 하셨는데 사람의 치수를 재지 않고 그냥 쳐다만 보셔도 몸에 딱 맞는 양복을 만들 수 있다고 하셨다. 엄마는 지금으로 말하자면 정크 아티스트셨다. 상자, 유리병, 구멍 난 양말과 스타킹, 털실, 자투리 헝겊 등으로 꽃, 화분, 지갑, 가방, 장신구, 생활용품들을 뚝딱 만드셨다. 종이접기도 많이 가르쳐 주셨는데 어디서 본 것이 아닌 상상으로 만드는 것도 많았다. 같은 천으로 옷을 만들어 입혀도 모두 다른 디자인으로 만들어 입혔고, 겨울에는 뜨개질로 옷을 만들어 입혔는데 지금 봐도 그 색감과 디자인이 고급스럽다.

 우리 집에는 미술대회에서 타온 상이 수북했다. 이것을 보면서 언제부터인지 잘은 모르겠는데 부모가 물려주신 재주를 그냥 받기만 할 것이 아니리라. 기회가 되면 다시 한번 다 함께 전시회를 열어야겠다고 생각했다. 아마 그 당시 한 가족으로 구성된 '작은 별 가족'이라는 음악 그룹이 있었고, 정명화, 정명훈, 정경화 3명의 음악 신동 가족이 우리에게 영향을 주었던 것 같다.

 호된 시집살이가 끝나 갈 무렵, 나는 더 늦기 전에 그때의 생각을 현실로 옮겼다. 드디어 2005년 6월 22일부터 일주일간 군포문화예술회관에서 '우리 가족 작은 미술 이야기 전'이라는 이름으로 전시회를 열었다. 엄마는 들꽃 시리즈를 색연필화로 그리시고, 나와 선희, 정숙이는 회화 작품을, 재숙이와 은경이, 수연이는 도예 작품을, 희남이는 종이 공예 작품을, 효숙이는 퀼트 작품을 전시했는데 총 150점 정도가 출품되었다. 우리는 이 전시회를 열며 가슴이 뜨겁게 행복했다. 지금 생각하면 그때 일이 우리 딸들과 엄마가 함께한 가장 가슴 훈훈한 추억이다.

 우리의 전시회는 경기도 교육청에서 발간되는 [경기교육]에 기사로 실렸다. 나는 초등 교사, 동생 둘은 미술 교사로 3명이 경기도에서 현직 교사로 근무하기 때문에 더 주목을 받았다. 또 삼성 신문에서도 인터뷰 요청이 와서 기사화되었다. 행복한 추억이다.

우리가족 작은미술 이야기

어떤 여인은 사랑하는 사람을 기다리며 음식을 만들고
어떤 여인은 아픔이 지나가길 기다리며 십자수를 놓고
어떤 여인은 기쁨과 행복함을 뜨개질합니다.
우리는 사랑과 행복을 맞을 때 그림을 그려 담아 놓았습니다.
우리는 고통과 슬픔의 손님이 찾아와도 그림으로 대접하여 보냈습니다.
여기에 기쁨과 슬픔을 녹여 그린 그림들을 한데 모았습니다.
우리들 8자매의 살아가는 미술 이야기전에 여러분을 초대합니다.

들꽃에게...

들여다 볼수록 이쁜 모습을 보면
행복 담아주던 딸들이 생각난다

얘들아! 너희가 이렇게 이뻤단다..

  엄 마

딸들은 모두 효녀

큰딸 미숙이

큰딸 미숙이는 엄마 생각을 많이 한다. 어버이날(2019년 5월 8일)에는 내가 좋아하는 두부 양념구이와 오이소박이, 나물 반찬을 해왔다. 점심은 식당에서 갈비구이를 사 주었다. 손녀딸 소영이가 20만 원 용돈을 큰딸 편에 보내왔다.

또 남편 제삿날은 동생들과 음식을 다 준비해서 제사를 지냈다. 넷째 사위 세희 아범, 일곱째 사위 동엽 아범, 다섯째 사위 예준 아범도 함께 제사를 지냈다. 큰딸은 시집살이한 덕에 제사 지내는 법을 다 배워서 잘했다.

둘째 딸 재숙이

제사는 다섯째 효숙이네 집에서 지내는데 둘째는 제삿날은 꼭 와서 제사 준비를 한다. 나물도 맛있게 하고 살림을 잘한다. 특히 검소하고 알뜰하다. 2020년 7월에는 내 친구 병문안을 가는데 내 마음을 알아주는 둘째와 일곱째가 시간을 내서 같이 가 주었다. 점심은 불고기를 먹었고, 친구 집까지 데려다줘서 참 기뻤다. 점심은 둘째가 사고 친구에게 줄 선물은 은경이가 사주었다.

일곱째 딸 은경이

나는 은경이가 어리다고만 생각했는데 마음이 넓고 엄마를 생각하는 마음이 크다. 그리고 용돈을 많이 준다. 새 돈으로 30만 원, 50만 원씩 만날 때마다 준다. 이번 설에는 사위와 은경이에게 각각 50만 원씩 받았다. 참 고마운 일이다.

2019년 3월 4일에는 재숙(둘째)이도 같이 와서 점심도 사고 예쁜 꽃도 심어주고 갔다. 나는 행복했다.

엄마의 노트에는 시시콜콜한 것들이 가득 적혀있다. 몇째 딸이 얼마를 주었다, 누구는 어떤 선물을 사 왔다, 언제 인공위성을 발사했다, 지구와 달과의 거리는 얼마다, 어떤 페이지에는 영어 인사말도 써 놓으셨다.
How are you? Good. Thank you and you?
나는 엄마의 이런 기록을 보며 엄마가 살고자 했던 삶을 상상해 본다. 엄마의 삶에 대한 열정과 에너지가 느껴진다. 그런 메모 중간중간에 딸들에게 쓴 고맙다는 메시지도 끼어 있다.
딸들의 진자리와 마른자리 갈아가며 힘겨웠을 엄마가 영어 한마디라도 해보려고 애쓰시는 모습이 아프도록 아름답다. 그 은혜를 생각하면 부끄럽기 그지없다. "엄마는 행복하다." "고맙다."라는 말이 나를 더 목메게 한다.

큰딸, 고맙다

 큰딸은 2019년 2월에 교직 생활을 마치고 명예로운 정년퇴임을 했다. 42년간 선생님을 거쳐 장학사, 교감, 교장으로 퇴임을 했다. 퇴임 기념으로 미술 전시회도 열었다.

 학교 직원들이 화려한 퇴임식을 준비해서 나는 마음이 좋았다. 선생님들은 노래, 시 낭송, 재미있는 동영상을 많이 만들어 보여주었다. 무사고로 42년 동안 잘해 온 것이 제일 고맙다.

 큰딸이 자랑스럽다.
 큰딸과 넷째 딸, 여섯째 딸이 교사로 근무하다가 퇴직한 것이 나의 즐거움이고 행복이다.

정년퇴직한 지도 벌써 5년이 넘었다.

 나는 정년퇴임 자리에 엄마를 초대하였다. 부모님은 어릴 적부터 내가 선생님이 되기를 바랐다. 그리고 나는 42년이라는 교직 생활을 마치고 교장으로 퇴임하였다. 그리고 정년퇴임을 기념하는 미술작품 전시회를 열었다. 엄마와 아빠가 함께 이런 모습을 보셨다면 크게 기뻐하셨을 것이다. 아빠는 내가 장학사로 근무할 때 돌아가셨다. 나는 엄마만 그 자리에 초대할 수 있었다. 이 글은 그날 엄마의 짧은 기록이다.

 고3 때는 미대로 대학 진학을 하고 싶었지만, 부모님의 기대를 저버릴 수가 없었다. 그래서 취미로 그림을 그리는 선생님, 아이들에게 미술을 잘 가르치는 선생님으로 남기로 했다. 언제부터인지는 알 수 없지만, 퇴임하는 날이 오면, 꼭 '퇴임 기념 미술작품 전시회'를 열겠다고 마음먹었었다. 2019년 나와의 약속을 지킬 수 있어서 나는 기뻤다. 환대를 받으며 퇴직한 것도 기뻤지만 엄마를 초대할 수 있어서 기뻤다.

피로 짠 도토리가루

 올해는 몸이 많이 아프다. 특히 다리와 팔 머리가 아프다. 여태껏 이렇게 아파 본 적이 없었다. 다리가 아파서 일어날 수가 없고, 청소는 앉아서 기어다니면서 해야 했다. 예준(손주)이 봐주는 일도 너무 힘들고, 셋째 딸 일 도와주는 것도 힘들었다. 이런 일에서 손을 다 놓았는데도 몸은 여전히 아프고 불편했다. 결국 효숙이가 약국을 나가지 못하고 예준이를 봐주었다. 그래도 쉴 틈이 없다. 취미 삼아 심은 고추, 옥수수, 파, 배추, 상추, 가지, 호박도 돌봐야 했다.

 남편은 여름이 가고 가을이 오니까 지천으로 널려 있는 도토리를 매일 주워 왔다. 나는 집에서 그것을 빻고 거르는 일을 도왔다. 도토리가 여러 과정을 거쳐 가루가 되는 것을 보면 힘들었지만 뿌듯했다. 하지만 이제 몸이 아프니까 그 재미있던 일도 힘들기만 했다. 나는 딸들에게 도토리 가루를 한 봉지씩 담아주면서 농담 섞인 말로 그건 내 피를 짜서 만든 것이라고 했다. 농담이 아니었다.

 어느새 낙엽이 지고 김장철이 왔다. 매년 김장해서 딸들에게 나눠주었는데 올해는 많은 김장을 할 생각하니 벌써 걱정이 앞선다.

1994년 11월

엄마가 보내온 도토리 가루가 생각난다. 그때는 피 같은 도토리 가루인지 몰랐다. 너무 늦었지만 나는 도토리 가루 만드는 법을 찾아보았다. 절차가 복잡했다. 먼저 도토리 껍질을 벗긴다. 둘째, 벗긴 도토리를 말린 후 방앗간에 가서 가루로 빻는다. 셋째, 가루를 물에 담가서 여러 차례 헹구어 떫은맛을 뺀다. 마지막으로 가루의 물기를 제거하고 말린 후 밀봉하여 보관한다. 이렇게 쓰여 있었다. 성한 몸으로도 힘들었을 일을 아픈 몸으로 만들었으니 피를 짜서 만든 것이 분명하다.

 엄마와 아빠는 시내에 살다가 한적한 농가로 이사를 하셨다. 남는 땅에 농사를 지으셨던 것 같다. 안 해 본 일이라 힘들어하셨다는 말을 동생에게 들었던 기억이 난다. 처음에는 재미로 시작한 일이 노동이 되었다. 엄마의 목표는 도토리 가루 여덟 봉지였을 것이다. 그러니 안 봐도 뻔하다. 그만큼을 만들려면 얼마나 많은 도토리가 필요한지 가늠이 안 된다.

나는 울었다

남편이 아프다. 같은 아파트 단지에 살고 있는 약사인 효숙이가 왔다. 혈압과 당뇨를 체크하고, 입맛 당기는 약과 각종 영양제와 변비약 치통약을 챙겨 왔다. 여러 가지 약을 마련해 놓으니 다소 안심이 되었다. 그동안은 딸 덕분에 따로 의사가 필요 없었다. 어지러워 넘어질까 봐 마음대로 나가지는 못해도 특별히 아픈 곳 없고, 어제는 전화도 잘 받았다. 그나마 건강한 편이라 다행이라고 생각했었다.

 올해 남편은 84세다. 병원에 입원했다. 완전히 다른 모습을 보였기 때문이다. 정신이 온전하지 않았다. 침대에서 잘 일어나지 못하고 도와주려고 하면 "엄마 오라고 해"하면서 딴소리를 했다. 영양주사를 맞을 때 가만히 있지 못하고 팔을 자꾸 위로 올려서 2시간 동안이나 팔을 잡고 주사를 놓았다. 주사를 맞고 있는 것도 의식하지 못하고 심지어 내가 누군지도 몰랐다. 잘 먹던 뉴케어도 잘 먹지 못했다.
 그이의 대소변을 받아내야 하는 일을 감당할 수가 없어서 병원에 들어왔는데 지난밤에는 남편이 보고 싶었다. 정신이 없어 나를 몰라보니 도리어 안심이 되었다. 나를 알아보면 거기에 두고 불쌍해서 못 올 것 같았다.

 술을 좋아해서 속상할 때도 있었지만 늘 함께하며 딸을 키우며 산 것이 고맙다. 시집보내는 것도 둘이서 의논하고 의지하면서 살았던 것이 행복이다. 딸들 효도 받으며 살아서 늘 행복하다고 생각했다. 남편이 늘 옆에 있어서 행복한 줄은 몰랐다.

정신이 온전치 못한 아버지를 병원에 두고 오시면서 오히려 마음이 덜 아팠다는 대목에서 왈칵, 나는 한동안 멈춰 섰다.

　아버지가 돌아가시고 엄마는 죽어도 요양원에는 안 가실 거라고 입버릇처럼 하셨다. 거기는 사람 살리는 곳이 아니고 사람 죽이는 곳이라면서 아버지는 병원에서 죽인 것이나 다름없다 하시면서.

　그리고 종종 이 딸 저 딸 돌아가며 "나 니네 집에 가서 살아도 되니?" 하며 물어보셨지만 우린 흔쾌히 대답하지 못했다. "엄마, 그래도 되지."라고 말은 했지만 마음은 돌덩이처럼 무거웠다. 우리는 아무도 엄마를 집으로 모시지 못했다. 힘들게 키워도 다 소용없다는 생각으로 얼마나 외로우셨을지 짐작은 했지만 피하고 싶었다. 마음속으로 엄마를 모실 수 없는 어떤 변명 하나도 온당한 것은 없었다. 그러던 중 주간보호센터에 다니시던 엄마는 우리에게 물어보지도 않고 스스로 짐을 싸서 요양원으로 들어가셨다.

　엄마는 요양원에 들어가셔서 얼마 되지 않아 넘어지셔서 갈비뼈에 금이 갔다. 걸음을 안 걸으시니까 금방 기력이 없어지셨다. 기억력도 급격히 나빠지셨다. 요즘은 모든 일에 의욕이 없어지시고 말도 없어지셨다.
　엄마를 만나러 가면 연신 "아무것도 기억 안 나." "고맙다." "너희들 잘 있지?" 하신다. 인제 엄마의 희미해져 가는 기억을 잡아 드릴 수가 없다. 기억을 놓으며 치열했던 삶에서 벗어나셔서 그런지 엄마의 표정은 오히려 맑다. 엄마의 기억이 너무 생생하시면 우리가 마음 아플까 봐 그렇게 빨리 정신을 놓으신 건 아닌지. 엄마가 아들 없는 서러움과 외로움도 다 내려놓으셨으면 좋겠다.
　우리는 모두 엄마 앞에 죄인이고 공범이다.

남편이 요양병원에

 2009년 9월 16일 일이다. 오후 3시 30분에 불편한 남편을 두고 꼭 가야 할 일이 있어 잠깐 외출했다. 그 사이에 남편이 침대에서 떨어져 정신이 없었던 날이다. 한없이 서러워 울었던 날이다. 아들이 있으면 부산 아니라 세상 끝까지라도 전화해서 오라고 하고 싶었다. 만만한 것이 아들인 모양이다. 딸 사위가 잘하는데도 아들은 더 만만할 것 같았다.

 다리는 시고 팔도 아팠지만 대소변을 갈아주고 변기에 앉히고 씻겼다. 그리고 소변기를 사야겠다고 생각하고 전화번호를 찾는데 요양원 팸플릿이 신발장에 붙어 있었다. 직원들이 와서 남편을 데리고 갔다.

 그날로 남편은 요양 병원에 입원하였다. 병원에서는 사람을 잘 몰라보고 정신이 왔다 갔다 했다. 식사도 못 해서 뉴케어로 대신 했다. 잘 먹이지 않아서 그런지 점점 말라 가죽과 뼈만 남았다. 욕실도 없는 곳에서 목욕하다가 다쳤는지 다리가 많이 부어올랐다. 엑스레이도 찍어 보았지만 아무 이상이 없다고 했다.

 내가 집에서 간호하는 게 더 낫겠다 싶어서 15일만에 집으로 데리고 나왔다. 항문을 파내고 기저귀에 소변을 받아내면서 돌보았는데 머리를 쓸어 올리고 하품을 거푸하며 자꾸 하지 않던 행동을 했다. 할 수 없이 다시 동수원 병원으로 갔다. 소변을 보려면 이불을 차고 기저귀를 뜯고 했다. 잠옷과 이불이 젖으면 벗기고 입히고 빨고 잠시도 잘 틈을 주지 않았다. 오줌줄을 끼려고 갔는데 각종 검사를 하면서 중환자실에서 6일이나 있어야 했다.

 수연이와 효숙이와 나는 매일 면회 시간에 갔다. 피 주사 영양주사 수액을 맞으며 조금 나아졌다. 10월 17일 다시 집으로 왔다. 10월 17일 오늘 밤은 잘 잤다.

2009년 9월 16일

아버지는 이 일이 있은 그다음 해 2010년 85세로 돌아가셨다. 아버지는 다른 동생들은 몰라봐도 돌아가시기 전까지 나는 기억하셨다. 그리고 평소에는 말씀이 없으신 편이었다. 나는 결혼하여 거의 친정에 가지 못했는데 술 한잔 들어가시면 나를 보고 싶어하셨다고 동생들은 이구동성으로 말했다.

 모직으로 이 세상에 하나밖에 없는 코트를 만들어 주시던 아버지,
 매일 김을 구어 밥상에 똑같이 나눠 주시던 아버지,
 스케이트를 데우고 담요로 덮어서 얼음판까지 태워다 주시던 아버지,
 자전거로 학교까지 태워다 주시던 아버지,
 저녁 보충수업 시간에는 매일 따뜻한 도시락을 가져다주시던 아버지,
 구들장 위에 빵 둘러앉게 하고 삼겹살 구워 주시며 행복해하시던 아버지,
 나는 아버지 병문안을 거의 가지 못했다.

 그리고 아버지의 임종도 보지 못했다.

엄마에게

엄마에게
자식은
눈에 넣어도
안 아픈 존재인데,
자식에게
노모는
늘 가슴이 아픈
존재이다.

04

우리 엄마는 89세

첫째 딸

  우리 집은 딸만 여덟 명이다. 여덟 딸 모두 건강하고 살 만큼 산다. 우리 엄마는 89세 나이에도 큰 병 없이 건강하신 편이다. 한때의 구안와사로 음식을 씹을 때 조금 느리고, 다리 관절 수술로 바닥에 앉기 불편하시다.

  남들은 우리 집에 딸들이 많아서 엄마가 엄청 행복하시겠다며 부러워한다. 엄마가 우리 여덟 키울 때 들인 사랑과 정성을 생각하면 무엇인들 못하겠는가 싶지만, 자식 도리를 못 할 때가 더 많다. 제사나 생신 때는 딸이 많다는 이유로 나 하나쯤이야 싶은 생각에 빠지기도 한다. 엄마를 만나고 헤어질 때 엄마 쓸쓸한 뒷모습에 가슴이 아려서 차일피일 미루기도 한다. 지혜롭던 엄마의 모습이 점점 사라지고, 생각지도 못한 아집과 편견으로 변해가는 모습과 대면하는 것이 괴로워서 회피하고 싶기도 하다. 이렇게 저렇게 변명하지만 따지고 보면 다 핑계다. 코로나 바이러스 창궐은 엄마를 자주 찾아가지 않아도 된다는 명분으로 작용했다. 엄마는 절대 올 생각하지도 말라고 하셨고, 그래서 엄마를 몇 달간 만나지 못했다.
  그런데 드디어 전화 속 목소리에서 엄마의 외로움이 감지되었다. 우리 모두 편치 않은 맘을 가지고 있던 차에 자연스럽게 '엄마 딸네집 여행하기'라는 프로젝트를 만들었다. 그렇게 엄마의 딸네집 투어가 시작되었다.

  일곱째 딸 은경이네 집에서 시작하여 다음은 우리 집으로 오셨다. 동생들도 함께 모였다. 그리고 넷째 딸 수연이네 집이다. 부끄럽지만 우리집 방문은 평생 두 번째 방문이시다. 설레는 마음으로 정성껏 은갈치조림, 배춧잎 새우말이, 오이소박이, 미나리 무침, 샐러드를 준비했다. 평생 처음으로 엄마를 위해 차려보는 밥상은 참으로 눈물겨운 밥상이다.
  식사 후 엄마와 담소를 나누는 시간이다. 담소라고는 이 시간이 우리에게는 제일 힘든, 도 닦는 시간이다. 우리 엄마는 89세 노인이시다. 엄마의 완강한 고집과 편견, 계속되는 똑같은 말을 들어야 하는 시간은 생각처럼 쉽지 않다. 완전무장하지 않으면 그물에 꼭 걸려들고 만다.

  예를 들면 엄마는 노인들 우려먹는 약장사의 술수에 넘어가 상조보험을 여러 개 들으셨다. 2개는 해약하고 아직 4개나 가지고 계신다고 하셨다. 만날 때마다 나 죽으면 잊지 말고 꼭 그것 사용하라고 신신당부하신다.

 우리들 돈 안 쓰게 하려고 준비했으니 남는 건 너희들 하나씩 나눠서 쓰라고 하신다. 그러시면서 8개는 안 되어 딸 모두에게 하나씩 줄 수는 없으니까 큰딸부터 순서대로 가지라는 것이다. 드시고 싶은 것, 가지고 싶은 것 하시면서 사시라고, 아파트 난방비 아끼지 마시라고 해도 쇠귀에 경 읽기다. 이쯤 되면 우리 딸들은 고개를 절레절레 흔들며 슬슬 소파에서 주방으로 자리를 피한다. 우리는 아직도 우리가 기대하는 엄마가 되어주기를 원한다. 고통은 인간을 성장시킨다고 했던가. 엄마는 우리에게 화를 어떻게 다스려야 하는지 가르치고 가시려는 모양이다.
 이해할 수 없는 엄마의 행동을 보면서 우리는 이렇게 이해하려고 노력한다. 알고 보면 현실은 모두 꿈이라고 하니 이것도 꿈이라고 생각하며 꿈에 휘둘리지 말자, 또 엄마는 늙음이라는 병을 앓고 있는 중이다. 우리는 간병 중이다. 그래도 우리는 번번이 엄마와 부딪힌다. 언제 우리는 엄마를 만나서 감정에 휘둘리지 않을 수 있을까? 우리가 어리고 부족하기만 했을 때 엄마의 온기만 느껴도 가슴 따뜻해지던 엄마는 어디로 가셨을까?

갑자기 정신이 번쩍 든다.
이 얼마나 감사한가?
아직까지 딸들에게 의지하지 않으시고
건강하시고 잘 드시고 혼자 어디든지 걸어 다니시니….
이건 엄마가 우리에게 주는 축복과 행운이다
내려놓고 감사해야지.

엄마에게 자식은 눈에 넣어도 안 아픈 존재인데,
자식에게 노모는 늘 가슴이 아픈 존재이다.

2020년 큰딸 미숙

엄마의 유훈

둘째 딸

 엄마는 일상을 바쁘게 보내시며 배움과의 끈을 놓지 않았다. 시대를 거슬러 당당히 살아온 엄마다. 영국으로 유학 간 여섯째 딸과 메일도 주고받으셨다. 그 연세에 그런 분은 흔치 않을 것이다. 작년 봄까지만 해도 틈틈이 꽃과 새들을 많이 그리셨다. 모아놓은 스케치북이 20권이 넘는다, 스마트폰을 다양하게 활용하며 이 세상에 이렇게 신기한 물건이 다 있다는 말이냐? 하시면서 무료함을 달래셨다. 늘 좋은 세상에 산다며 기뻐하셨다. 배우고자 하는 열정을 몸소 보여주셨다.

 1982년 일이다, 오랜만에 집에 갔는데 여전히 바쁜 하루를 보내셨다. 밤에는 천자문을 쓰고 계셨다. 천자문을 3개월에 마스터하시겠다며 웃으시던 엄마의 모습이 지금도 눈에 선하다.
 이제 엄마의 기억력이 점점 사라지고 있다. 그러면서 말수도 점점 적어지신다. 그래도 입만 열면 말씀하신다. "지나간 삶에 후회 없고 딸들 건강하게 잘 지내면 난 그뿐이야."라고. 잃어가는 기억 속에서도 자식에 대한 사랑은 별처럼 박혀 있나 보다. 시간은 강물처럼 흐르고 슬픔이 강물처럼 차오른다. 긍정으로, 진심으로 살아온 엄마의 삶에 감사할 뿐이다.

 '간신히 떠올리는 기억은 멀고, 곁에 두고 싶은 추억은 가깝다'라고 한다. 우리 모두 같은 사랑을 받았지만 저마다의 조금씩 다르게 추억이 기억되는 이유인가 보다.

 손글씨로 엄마의 세월이 응축되어 담겨 있는 일기는 우리에게 주는 엄마의 소중한 선물이다. 그것은 어린 시절 기억을 공유하고 보듬으며 살아가라는 유훈 같은 것이다. 엄마의 일기로, 엄마의 청춘과 열정을 생생히 기억에 담을 수 있었다. 이것은 또한 서로 다정히 지내라는 간곡한 말씀이기도 했다.

낙엽처럼 늙어가시는 엄마.
행복은 '작은 틈과 빈도에서 온다'라는 것을 지금도 진행 중인 엄마.
엄마는 이 찬란한 봄꽃 피는 걸 몇 번이나 볼 수 있을까?
슬픈 셈을 하며 손가락으로 가만히 헤아려본다.

2024년 둘째 딸 재숙

빨간 스케이트

세째 딸

초등학교 시절 난 빨간색 피겨 스케이트를 탔다.
넘어지고 미끄러지고를 반복했지만 내 옆엔 늘 굵직한 아빠 손이 있었다.
겨울날 동그란 산 아래 얼음 냇가에서 스케이트 끈을 매주고 잡아주고 끌어주시던 손도 아빠 손이었다.
몹시 추운 날에는 발에 동상 걸린다고 집에서 따뜻하게 데운 스케이트를 신기고, 담요로 발을 덮은 다음 자전거에 태워서 얼음판에 내려주시기도 했다.
나는 운동을 좋아했다. 주말이면 아빠와 함께 자전거를 타고 놀았고, 아빠는 가족을 위해 마당에 탁구대를 설치해 주셨고 때론 배드민턴도 함께 쳐 주셨다.
생각해 보면 참 자상한 아빠였다.
그 뒤엔 늘 지혜로운 엄마가 있었다.

대학 다닐 때 일이다.
아빠는 낚시를 좋아하셨다.
엄마는 아빠가 우리 집 고추장을 매운탕 끓인다고 다 퍼 나른다고 잔소리를 하곤 했다.
방학이라서 집에 갔다. 아빠는 안 계셨다. 낚시하러 가셨다고 했다.
큰비가 내리고 있는데도 냇가에서 안 돌아오시기에 걱정이 되었다.
차를 가지고 아빠를 모시러 갔다.
아빠는 온통 비를 맞으며 그제야 짐을 챙기고 계셨다.
뛰어가 트렁크에 짐을 넣고 있는데 아빠 목이 보였다.
햇빛에 화상을 입은 듯 벌겋게 부풀어 올라 많이 아플 것 같았다.
낚시도 좋지만 상처가 덧날 것 같은데 비를 맞으며 약도 바르지 않으시고 있는 것이 걱정되고 화도 났다.
나는 울면서 짜증을 내며 잔소리를 마구 해댔다.
걱정과 사랑이라는 이유였지만 지금 생각해 보면 살갑지 않게 표현한 것이 부끄러워진다.
유독 아빠 사랑을 많이 받았던 나였는데.

집에 돌아와 잡아 온 물고기를 큰 다라에 풀어 놓고 행복하게 웃던 아빠.
그 모습을 보며 아들보다 더 좋냐고 웃던 엄마.
오랜 세월이 지나 추억해 보니 여러 조각의 추억들이 떠오른다.
훈훈했던 추억으로 가슴 따뜻해진다.

2024년 세째 딸 정숙

 ## 서운했던 딸

네째 딸

나는 넷째 딸이다.
엄마는 나를 낳고 처음에 윗목에 밀어 놓았다고 한다.
그러다 이게 무슨 짓인가 싶어 너무도 미안하여 한참을 꼭 안아 주었다고 했다.
나는 서운한 맘 보다 서운했을 엄마의 마음을 알 것 같다.
아직도 그 일을 안 잊고 미안하다면서 그 말씀을 두고두고 하시며 걸 보면
엄마도 오랫동안 마음이 쓰였나 보다.
그래서 내가 초등학교 들어갈 땐 특별히 서울 가서 입학식 날 입을 옷을 사 오셨다고 한다.
주황색 나팔바지와 뒤집으면 우비가 되는 코트, 그리고 예쁜 구두.
지금도 그 옷은 내 기억에 또렷하다.
엄마는 아끼는데 둘째가라면 서러울 정도로 절약하며 사셨다.
평소에 근검절약이 철저한 엄마지만 통 큰 엄마이기도 했다.
어느 날은 풍금을 사주신다며 서울 가셨는데 트럭에 피아노를 싣고 오셨다.
엄마의 통 큰 사랑 덕에 우리들은 시골에서 피아노도 칠 수 있었다.
세월에 장사 없다지만 늙을 것 같지 않던 엄마가 세월을 거스르지 못하고 쇠약해지는 것이 너무도
안타깝다.

2009년 8월 어느 날 엄마한테 전화가 왔다.
아빠를 혼자서 돌보다 힘에 부쳐 아빠는 요양원에 들어가셨다고 했다.
그날 이후 퇴근하면서 매일 요양원에 들렸다.
그리고 집에 가는 버스 안에서 매일 울었다.

이제 엄마도 요양원에 계신다.
부모를 만나는 일이 설렘보다 안타까움으로 변했다.
세월이 하는 일이라 나는 힘이 없다.
받은 사랑에 감사할 뿐이다.

2024년 네째 딸 수연

그때는 못한 말

다섯째 딸

[엄마, 다섯째 딸 효숙이예요.
엄마, 그 태풍 생각나? 태평양 어디선가 만들어낸 바람이 육지로 돌진하여 급기야 내가 운영하는 약국을 덮쳤던 그날.]

 그날 일을 회상해 본다. 마침 엄마가 점심 도시락을 가지고 약국에 오셨다. 그렇게도 바람이 센 날 무슨 업무를 보려 했었는지 기억이 나진 않지만 엄마한테 약국을 맡긴 후 볼일을 본다고 나갔다. 약국으로 돌아왔을 때 엄만 손목에 붕대를 칭칭 감고 사색이 된 얼굴로 앉아계셨다. 피가 솟구쳐올라 병원에서 봉합하고 오셨다 한다. 그날 가슴이 무너져 내리고 두려움에 떨었던 순간을 잊을 수가 없다.
 바람이 일을 낸 것이다. 너무 센 바람이 출입문을 열어젖히는 걸 닫으려는데 큰 유리문이 깨지면서 손목 동맥을 끊은 것이다. 순식간에 벌어진 사고 상황을 듣자마자 그 장면이 그림처럼 그려졌다. 무시무시한 사고가 하필이면 잠깐 약국을 비운 사이 일어난 것도 원망스럽고, 이런 날 볼일을 본다고 나간 나도 원망스러웠고, 하소연할 길이 없으니 크게 다친 엄마도 원망스러웠다. 말로는 그 상황을 설명할 수가 없어 원망이라는 말로 감당하기 어려운 그 지경을 회피하고 싶었던 것 같다.
 그때 그 감정이 생각할수록 뼈아프다. 소위 약사라면서 어찌할 줄 모르고 제대로 대처하지 못한 것이 속상하고, 두렵게 당황하여 엄마를 위로하긴커녕 원망했던 기억이 너무 죄송해서 속상하다.
 하루하루 약해져 가는 엄마를 보면서 나는 그때의 기억이 자꾸자꾸 떠오르고 선명해진다. 그때 너무 당황해서 엄마에게 못한 말, 시간이 지날수록 가슴속에서 자꾸 커지는 말. 더 늦기 전에 오늘은 이 말을 하고 싶다.

"엄마, 죄송해요."
"엄마, 사랑해."

2024년 어느 날 효숙

2인 1조 도시락

여섯째 딸

새벽에 야윈 엄마를 생각하다가 깜빡 잠이 들었다.
이국땅에 사는 불효녀라, 꿈에서나 만나 엄마를 안아드리려고 했던 거 같은데.
그 야윈 엄마가 나를 꼭 안아 주었다.

엄마의 일기를 책으로 엮는단다.
딸들도 저마다의 추억담을 써내라고 한다.
좋은 부모님을 만나 깊고 큰 사랑을 받는 행운을 누렸는데
행복하고 따뜻했던 추억들이 순서 없이 달려와
어디서부터 무슨 말을 써야 할지 마음만 앞선다.

엄마는, 내가 초등학교 저학년일 때부터 틈틈이
전과를 보고 공부해서 과외 선생님이 되어 주셨다.
초등학교 6학년 때 졸업시험을 앞두고
공부에 재미가 붙어서 밤늦게 공부를 할 땐
함께 뜨개질하며 안 자고 옆에 있어 주셨다.
온종일 집안일에 지쳐 피곤했을 텐데.

아빠는, 겨울날 학교에서 돌아오는 중학생 딸을 위해
연탄 아궁이에 따뜻한 군고구마를 구워 놓으셨다.
그 따뜻했던 기억들 때문일까?
나는 지금도 고구마가 너무 좋다.

또, 스케이트를 따뜻하게 데워 발에 신겨 주시고
자전거에 태워 스케이트장에 데려다주시던 아빠.
시골 스케이트장이라 춥고 힘들어
집에 가고 싶어질 때 즈음이면
짠! 하고 자전거 탄 아빠가 나타나 주셨다.

 중학교 때 점심시간 1~2분 전이면
교실 창문 위에 살며시 놓여있던 아빠표 따뜻한 도시락!
엄마는 따뜻한 점심을 싸고
아빠는 딸들을 위해 자전거를 타고 배달했다.

자식들을 위해 먹이를 나르는 이인 일조 시스템이
지금도 생각하면 따뜻하고 뭉클하다.

요술 램프의 지니처럼 소원하는 걸 들어주시고
늘 적재적소에 있어 주셨던 부모님.
부족함 없이 키워주신 엄마 아빠
"감사합니다."

2024년 미국에서 여섯째 선희

너무 오래된 약속, 아빠에게 부치는 편지   일곱째 딸(1)

아빠는 1926년생. 강화도에서 태어나셨다. 오남이녀 중 둘째 아들. 성실하고 선한 아들이었다. 친할머니의 사랑을 특히 많이 받고 자랐다. 전쟁이 끝나고 제대하신 아빠는 군복 수선집에서 일하며 양복 기술을 습득했다. 그리고 엄마를 만났다.

엄마는 전쟁통에 큰오빠를 잃었다. 큰아들 잃은 슬픔을 못 견디고 돌아가신 외할머니 때문에 엄마는 홀아버지와 남동생을 보살펴야 하는 맏딸이 되었다. 엄마와 아빠는 소개로 만났으며 서로의 계산이 맞아서 순조롭게 결혼했다.

여기서 계산이란? 기술이 있으니 굶기지는 않을 것 같은 아빠.

외할아버지를 모시고 살아도 된다는 아빠.

아빠는 엄마의 어떤 면이 맘에 들었을까. 살아 계실 때 생전에 나는 그걸 묻지 못한 게 후회된다. 내 추측으론 쉬워 보이지 않는 깐깐하고 지적인 엄마의 모습이 끌렸을 것 같다.

엄마가 외할아버지에게 아빠를 소개했을 때 할아버지는 상놈 가문은 아닌 듯하다며 마지못해 승낙해 주셨다 한다.

엄마는 철부지 딸이었다. 외할머니가 큰아들을 잃고 화병으로 돌아가실 때까지 제대로 자식 노릇 한 번 못한 손 많이 가는 딸이었다. 학교에선 일등을 놓치지 않는 악바리이고 지기 싫어하고 자존심이 센 여자였다.

아빠는 똑똑하지만, 욕심이 없고 온도가 뜨거운 사람이 아니라서 순리에 맡겨 물 흐르듯 살던 남자. 넉넉지 못한 살림 때문에 초등학교만 졸업하고, 삶의 터전에서 몸을 부대끼며 살아오신 민초다. 뜨거운 여자와 미지근한 남자가 만났지만 한 가정을 잘 꾸려가자는 열정은 같았다. 본의 아니게 딸만 여덟씩이나 낳았지만 모두 남부럽지 않게 공부시켰다.

그들이 나의 부모다.

나는 그중 일곱째로 만들어진 작품. 아빠의 미지근한 피가 더 많이 섞였다. 언니들이 매일 일등이나 이등 성적표를 가져올 때, 뜨뜨미지근한 성적으로 부각을 나타내지 못했다. 성인이 되어서는 경제력을 떠나 언니들 모두 하는 골프도 안 치고, 겁이 많아 운전도 나만 안 한다. 생긴 것도 아빠 쪽을 닮아 언니들보다 이목구비가 짙은 편이다. 또 아들이 나올 때까지 계속해서 아이를 낳은 건 엄마의 자존심 때문이지 아빠의 강요는 아니었다.

  아빠는 딸들이 많아도 함부로 하시거나 서운한 내색을 한 적이 없었다. 편애하지 않고 골고루 아끼셨다. 아빠의 성실함과 엄마의 열정을 골고루 닮은 딸들은 속 썩이는 일 없이 잘 커 주어서 키우는 재미도 쏠쏠했다. 편애 없이 사랑을 주셨지만 식구가 많아 유난히 추억할 아빠와 나만의 추억은 드물다.

  언젠가 김경집 책에서 읽었다. 별이 보이는 언덕에서 '아들아! 별이 진짜 예쁘지? 넌 저 별들을 다 합친 것보다 더 예쁘단다.'라고 작가의 아빠가 말해줬다고. 그는 지금도 60이 다 된 자기가 버티고 사는 힘의 절반은 그 말이었다고 회상한다.
  나에겐 그런 손발 오그라드는 드라마틱한 장면이나 대사들이 없다. 사실 딸이라고 공장 안 보내면 다행인 시절이었다. 그래도 내가 기억하는 아빠의 대사가 하나 있다. 동네 개울가에서 수영하고 있을 때였다. 해가 뉘엿뉘엿 넘어가려 할 때 아빠가 친구분과 대화하는 걸 슬쩍 들었다. 친구분이 "그 많은 딸들 공부시키려면 허리 휘겠어." 했더니 "빚을 져서라도 공부는 시켜야지." 아빠는 단호하게 말씀하셨다. 아무것도 모르는 어린 맘에도 든든한 아빠가 있어 다행이라 생각했다. 나는 좋은 가정에서 태어난 아이였다.

  하지만 세월은 많은 것을 변하게도 하고, 잘못 알고 있었던 걸 정정해 주기도 한다. 내가 성인이 된 후 바라본 아빠의 세계는 또 달랐다. 나도 어른이 돼서 보니 아빠도 그냥 실수하고 때론 경솔하기도 한 사람이었다. 어딘가에서 어린놈한테 욕을 먹고 오시면 아빠 대신 욕을 퍼부어 주어야 직성이 풀리는 건 엄마였다. 엄마 말로는 아빠가 꿔준 돈도 달란 말 못 하셔서 받아내는 건 늘 엄마 차지가 되곤 했단다.

  나는 아빠를 많이 닮았다. 아빠는 나를 만들어 놓고 40년 정도 함께 있어 주신 후 떠나셨다. 아빠 나이 86세. 아빠가 돌아가셨을 때 나는 눈물이 나지 않았다. 추억을 떠올리며 울어야 하는데 빨리 떠올려지지 않았다. 아빠한테 미안했다. 얼마나 서운하셨을까. 그때 몰래 약속했다. '천천히 아빠를 기억하며 살아야지.' 하지만 오십이 된 지금도 미지근한 아빠의 선명한 사진이 떠오르지 않는다.

어느 날 카잔차키스의 '영혼의 자서전'이란 책을 읽으며 한 문장이 나를 붙잡았다.
'어머니의 그리스 피와 아버지의 아랍인 피가 혈관 속에 나란히 두 줄로 흐른다'라는 이 문장을 읽은 후 다음 문장이 읽혀지지 않았다. 그 약속이 떠올랐기 때문이다. 나는 거기서 책을 덮었다. 그리고 미뤄두었던 숙제를 하듯 잊었던 아빠를 쓰기 시작했다. '나에게도 엄마 아빠의 피가 두줄로 흐르고 있겠지' 엄마의 뜨거운 피는 아주 가끔 급할 때만 흐름을 안다. 나의 주된 피는 아빠 피다. 나는 좀 더 아빠를 궁금해 해야 했다.

아빠는 아주 적당히 다정했지만 자잘한 추억거리가 적어 아빠와 함께하는 순간의 사진이 흐릿할 수밖에 없다. 그래도 난 좀 더 인내심을 갖고 끌어올려 그 흐릿한 라인에 선을 넣고 색을 채워 아빠를 떠올리고 싶다. 지금까지 나는 아빠의 세상과 나의 세상이 개별자로 사는 삶일 뿐이라 여겼다. 엄연히 아빠 피가 지금도 힘차게 흐르고 있을 텐데. 지금까지 나는 몰랐다. 나의 '마중물'이 되어주신 부모님의 대지를 잊고 존재할 수 있는 나는 한 조각도 없다는 걸.

아빠, 처음 '나'라는 보드라운 덩어리를 빚어서 상처받기 쉬운 이 거친 세상에 놓아 주실 때 무슨 생각을 하셨나요. 이제 나는 젊음으로 단단해지기를 멈추고, 비움으로 더 깊어져야 하는 중년의 언덕에 서 있습니다. 어느 싱그러운 오월 한 줄기 바람처럼 다가온 당신께 말해요. 그동안 많이 힘들었지만 행복한 여행을 하고 있다고. 그 보드라운 덩어리는 거친 세월에 매우 단단해지고 찰져져서 쉽게 상처 나지 않은 덩어리가 되고 있다고. 당신은 내게 충만한 세계였으며 그 힘으로 나의 영혼은 무탈하게 숨 쉬고 있음을 감사드려요. 나는 당신의 '연장 생명'입니다. 살아 있는 모든 것은 아름답죠. 태어날 수 있었다는 건 누군가의 헌신이 있어야 하는 '신성한 채무 관계'이니까요. 저는 생각해요. 이 세상의 모든 생명체는 허투루 살아서도 안 되고 불친절해서도 안 된다고. 생명. 그 태초에는 모두 '착한 꿈'이 숨 쉬고 있었으니까요.

당신의 착한 꿈이라는 씨앗에서 자란 '나'라는 열매는 피와 살을 채워 더 예쁜 씨를 품어야 할 의무가 있는 거겠죠.

 아빠, 나는 알아요. 딸이 흔하게 넘치는 집안에 '또 딸'이라는 이름으로 나와야만 했던 그 선명한 이유. 그건 지금의 내가 '진리'였기 때문이겠죠. 세상은 완벽한 일만 하니까요. 저는 우연이나 실수라는 시시한 서사에 내 이름을 함부로 넣어 주지 않기로 했어요. 내가 미지근한 피의 아빠와 뜨거운 피의 엄마 사이에서 '일곱 번째 딸'로 태어난 것도 아빠의 미지근한 피가 더 많이 섞여서 평화롭고 조용한 삶을 사랑하며 사는 것도, 모두 우주의 톱니바퀴에 맞아떨어지는 '정확한 진동'이었음을 압니다.
 당신과 나 사이엔 그렇게 어마어마한 우주적 사명이 있었기에. 당신의 부재에 소리 내 울지 않아도 이렇게 잘 돌아갈 거라는 걸 알고 있었기에. 이제 나와 몰래 한 약속의 무게를 털어버리고 말합니다. 저는 당신이 만들어주신 내가 아주 좋아요. 아빠의 '연장된 착한 생명체'로 잘 살다 갈게요. 이것은 아무 말도 필요 없는 '윙크 같은 약속'입니다.

2020년 일곱째 딸 은경

둘째 언니
영성이란 광대한 우주에서 내가 왜 여기 있나? 그 이유가 뭔가,
온갖 질문을 던지는 존재라 했는데
은경이의 글에서 존재에 대한 물음의 답을 찾아가는 영성이 보이네

첫째 언니
가슴이 찡하다
아빠가 너의 글과 너의 맘을 어딘가에서 읽고
우리 딸 잘 컸네 하며 대견해하시는 모습이 눈에 선하네
그리고 우리 딸들 다 똑똑했지, 하며 거기서도 자랑삼아 이야기하실걸
무한 사랑 긍정해 주는 빨간머리앤의 매튜와 아빠가 어딘가 비슷하지 않니?

7살 꼬마의 나들이

일곱째 딸(2)

그날도 세상이 자기를 버린 양 7살 꼬마 계집은 엉엉 울었다. 장독대 항아리에 앉아, 막내 동생 손잡고 서울로 볼일 보러 간 엄마를 생각하며, 선택받지 못함에 서러워 울어대는 것이다. 울다 지치면 안방으로 가서 방 청소를 했다. 울어봤자 소용없으니 엄마 오시기 전까지 칭찬받을 일들을 해놓겠다 마음먹은 거다. 꼬마가 하는 방 청소는 보이는 잡동사니를 모두 쓸어 담아 벽장 속에 처박아 넣는 것. 오히려 엄마가 물건 찾는 노고를 더해줄 뿐이었다.

그래도 서울에서 돌아온 엄마는 놀란 눈으로 칭찬해 주며 다음 외출의 동반을 약속해 주셨다. 여덟 딸 키우느라 온종일 종종대는 것도 모자라 양복점 하시는 아빠의 일까지 도와야 했던 엄마. 엄마는 '무쇠 팔, 무쇠 다리'여야 했다.

실제로 엄마는 전지전능했다. 여덟 딸에겐 재미있는 선생님이었고, 밤새 남는 천 조각으로 실내화 가방이나 필통을 만들어내는 마술사였다. 기차 타고 서울까지 가서 양복점 원단을 사 오는 일도 엄마의 몫이었다. 꼬마는 엄마의 손을 잡고 서울에 가는 것이 소원이었다.

서울에 갈 땐 명심해야 할 것이 두 가지 있다. 첫째는 개표원이 몇 살이냐고 물으면 한 살을 줄여서 얘기해야 하는 것이고, 둘째는 엄마가 손을 두 번 꽉 잡을 땐 더 이상 조르면 안 된다는 무언의 신호를 알아들어야 하는 것이다. 영악하고 눈치 빠른 나는 그 두 가지를 잘 지켰다. 그래야 엄마와의 마지막 서울 나들이가 되지 않을 테니. 그런데 엄마는 지하철에서 내려 지상으로 올라올 땐 어김없이 반대 구멍으로 올라가 헤맸다. 어린 내가 보기에도 참 신기했다. 자주 가는 곳인데 어떻게 항상 틀릴까? 우리 엄마도 못 하는 게 있구나 하고 몰래 생각했다.

서울 동대문종합시장에 가면 어린 나의 눈을 끄는 관심사는 별로 없었다. 그게 그거인 원단들만 즐비해 있었다. 엄마가 원단을 고를 때 주인아저씨가 주는 사탕을 물고 얌전히 앉아 있는 게 전부였다. 지금은 패션의 메카가 된 원단 시장이지만 그때는 양복 기지들이 전부였다. 어쩌면 바쁜 엄마가 그 매장만 다녀오셔서 그랬을 수도 있다. 무거운 원단으로 양손이 자유롭지 못한 엄마는 내가 행여나 다른 길로 갈까 봐 맘이 더욱 번거롭다.

일을 다 보고 집으로 가는 청량리역에 도착하면 늘 값싼 입석 기차 비둘기호를 기다렸다. 비싼 무궁화호는 우리가 탈 수 있는 기차가 아니었다. 지치고 힘들어도 엄마는 늘 기다림을 택하셨다.

원해서 따라온 나였지만 그때부턴 몸을 비틀며 언제 가냐고 칭얼댔다. 기차표를 끊고 드디어 줄을 선다. 개표하자마자 나는 자리를 잡기 위해 기차를 향해 뒤도 안 돌아보고 뛰어갔다.
 엄마는 큰 짐을 이고, 내가 행여나 다른 기차에 올라탈까 뒤따라오며 불렀지만 꼬맹이 귀엔 아무것도 들리지 않았다. 지쳤을 엄마를 위해 내가 해줄 수 있는 일은 그것뿐이었다. 엄마는 집에 가서도 쉴 수 없으며 산더미처럼 밀린 일을 해야 하기 때문이었다. 하지만 내가 가장 큰 짐이었다는 사실은 끝까지 모른 척했다.

 이제 엄마는 팔순을 훌쩍 넘은 노모가 되었다. 나들이 가려면 그렇게 간절히 데려가 달라던 꼬마 계집의 손이 있어야 한다. 세월은 무쇠 다리 엄마를 나무늘보처럼 느리게 만들어 버렸다. 무쇠 팔 엄마 손아귀 힘은 오간데 없다. 맛난 걸 사드려도 틀니로 씹느라 더디고, 흘리고, 묻힌다. 이제는 엄마가 어설픈 방 청소를 했던 꼬마 계집애처럼 모든 것이 서툴다. 나는 엄마라는 우주 덕에 지구별에 와서 40년 넘게 여행 중인데, 나의 우주였던 엄마는 쪼그라든 별이 되어간다. 끝도 없이 주고만 가려는 우리 엄마.
 미련하기까지 한 바보 같은 이름 '엄마'다.

2018년 일곱째 딸 은경

나는 막내

여덟째 딸

 나는 8번째! 우리 집의 막내딸로 태어났다.
나이 50이 되어 생각해 보니 엄마의 맘을 알 것 같다.
아들을 바라고 바랐던 엄마의 마지막 희망이 딸로 끝난 것이다,
이제는 그 시대를 산 엄마가 이해된다.
누구도 상상할 수 없을 무게의 속상함,
말로 표현할 수 없는 가슴 무너지는 심정이었을 것이다.
하지만 난 태어난 순간부터 지금까지 아들이 아니어서 서운해하시는 것을 본 적이 없다.
오히려 막내라 사랑만 받고 자랐다.

어린 시절 잠자리를 매번 살펴 주셨다.
발 시릴까 따뜻한 물 핫팩을 이불 속에 넣어주던 아빠,
연을 만들어 함께 날려 주고, 낚시도 늘 데려가시던 아빠,
새빨갛게 타서 들어오면 내 피부 걱정에 아빠를 나무라시던 엄마,
대학 시절에 캐주얼 차림의 화장기 없는 얼굴로 나가면 이쁜 치마도 입고 화장도 예쁘게 하고 매니큐어도 바르고 꾸미라 시던 엄마.
20대 꽃다운 나이에 다 해 보라고 하셨다.
그때는 잔소리인 줄 알았는데 사랑이었다.

이젠 너무 야위어 부서질 것만 같은 엄마를 보는 것이 마음 아프다.
아직도 엄마는 너희만 행복하면 된다며 우리 걱정뿐이다.
누구나 돌이킬 수 없는 지난 일들을 후회한다지만
나도 그렇다.
엄마 아빠께 잘 해 드리지 못한 지난날들을…

2024년 막내딸 희남

엄마 갤러리

앞산 4월이면
진달래꽃이 온산을 덮고,
하얀 벚꽃 동산으로 변한다.
산은 향기로 물들고
우리들의 눈은 즐겁다.
아카시아꽃이 피고 지면
밤꽃이 핀다.
자연은 정말 말로 다 할 수 없는
요술쟁이다.

05

엄마 갤러리

너희
아빠는
멋을 몰라
꽃을
어떻게
던지니?

엄마 갤러리

그래도
꽃이 좋았다
새들이
풀잎들이
좋았다

엄마 갤러리

딸들 키우는
사이사이
좋아하는
그림도
하나하나

엄마 갤러리

겹겹이
쌓인
엄마의
시간 속
빛깔들이
아름답다

엄마 갤러리

엄마의
아름다운
시간은
계속
진행형이다

엄마 손글씨

우리는
장롱 속에서
엄마가 틈틈이
써놓은
글과 그림을
발견하였다.

06

2024년 8월 요양원에 계시면서 그린 엄마의 그림들입니다.

여자의 하루

빈손으로 왔다 빈손으로 가는 인생
여자는 남자를 낳는데
왜 여자는땅 남자는 하늘
이치에 맞이도 안는말
여자는 자기의 위대한 자리를
찾이 못하는것 같다.
자식들위을 위해 몸 바쳐
평생을 다한다 죄 많으렸은 여자지만
그러나 딸들아 여자로 천리를 찾아라.
가족들의 인생을 책임지고
싱쿠대에 다리를 묶인 하루를 반은
보내는 여자다. 알고런 사람도 있겠지만

1985 12 4

오늘 TV에서 딸에 대해서 웃고 울던 이야기를 했다-
딸 일곱 낳은 엄마가 인기상을 탔는데 그 여자들이 하는
말이 다 나와 연결되는 말들이다 한번만더 다음에는
꼭 아들일거라고 하면서 여덟번을 웃고 웃고 했다、
병원에도 돈이 아까워서 안가고 속을 고생을 하면서 아들을
낳을려고 애쓰던 시절이 새삼 떠오른다. 누가 무어라고 하는 사
람은 없었지만 나 자신이 자존심이 상해서 세상을 버리고 싶은
때도 있었고 아들 되는 약을 아무도 모르게 새벽에 마시면서
예방이라는 형겊 주머니를 목에 걸고 목욕도 제대로 못
한때도 있었지만 아이를 못 낳는것도 안이고 낳다보면
기다리는 아들도 낳을것을 믿으면서 고생을 했건만 결국
못낳고 42세 망내는 자신앞게 기다렷으나 끝이엿다.
하지만 나의 딸들은 孝誠이 지극해서 우리 夫父는
아들 갖은 사람보다 幸福하고 즐겁게 산다、무슨 큰일이
있으면 저의들이 몯여서 일을 순서 있게 잘하고 사위들도
아들못지 안케 서로 사랑하고 처가에도 잘한다 많은 딸
중에 어느 하나라도 없엇으면 안되엿을것 같이 모두
잘하고 잘살고 부모 마음을 행복 하게 해준다

앞산 4월이면 진달래꽃이 온산을 덮고
진달가 서서히 지고 나면 나목잎이 파란게
산을 물드리고 하얀 벚꽃 동산으로 변한다.
벚꽃이 떠러지면 아카시아 꽃이 산을
향기와 같이 피여 항상 우리 인간들의
눈을 즐겁게 해준다. 아카시아 꽃이 지면
산은 파란 산으로 변하고 밤꽃이 핀다.
자연은 정말 말로서 다할수 없이 요술쟁이다.

1988. 8. 29.

8월 29일 이곳으로 이사왔다.
날씨는 덥고 파리는 극성 부리고 쓰뚱냄새 나고
한적하고 적막한 곳이다. 그러나 거실의 큰 유리문으로 보이는 들판은
나의 가슴을 시원하게 해준다. 앞산 그 사이에 논 누렇게 익은
벼와 논둑에서 바람에 움직이는 갈때 개울가 아카시나무
사이로 날아다니는 까치가 짖적이는 그리 풍경은 보기좋은
계절이다. 어느새 앞논에 있는 벼는 한사람이 기계를 가지고
논으로 가면 그곳에서 벼를 베고 벼를 털어서 부대에 담어서
차로 실어낸다. 농사 짓는 일도 너무 힘이 안드는것 같다.
앞산은 붉게 물들고 우리집 거실 의자에 앉아서 들판을
바라보면 산속 별장에 있는 기분이다.
아이들 키우면서 바쁘게 살던때를 생각하며 한가한 오늘이
바쁠때만 못하다. 젊어서 고생은 돈주고도 못산다는 그말이
생각 난다. 몸은 편하고 마음은 편하지 않은 시간들 언제나
편해질거냐. 돈을 벌어야 할텐데 그어린 딸에게 배달랄
생각을 하니 걱정이 앞선다.

지나간 歲月 후회도 많지만
남은 歲月 후회 없이 살도록 노력해야지
내 人生 다시 태어난다면
후회 없이 살아 보련만 사람은 항상
후회를 남기고 산다지만 후회는 남기지
말아야지 ~

1980. 4. 4.

가고 싶어도 못가는곳
  보고 싶어도 못보는 사람들
듣고 싶어도 못듣는 소식들
  그립구나 그 얼굴들
죽었는지 살았는지
  너의들은 자취를 아는지 모르는지
자취 찾어 일어나라
  자나깨나 문득 문득
보고싶고 그립구나.
  얼사 안고 울어 볼날 언제나 오려나
새와 들짐승은 오고 가건만
  사람은 왜 못가는가
달과 별은 같은 빛을 비추어 주는데
  언제나 가고 오려나.
남 북 통일 남 북 통일 하루속히 되여
  철천히 한을 풀었으면
북쪽으로 날아가는 기러기야
  나의 소식 친척 친구에게 전하여다오.

어머님 도라가신 1950년 7월 15일

어머님 이딸 어머님이 도와주셔서 잘 살고있읍니다
어머님 슬하에 있을때 식사 한번 내손으로 해서 차려
드리지못하고 어리광만 부리고 설거지도 한번하라고 안하시고
이딸 하나라고 세상에 어머님만 딸이 있는것처럼 하다가
6.25 사변으로 집안은 망하고 오빠를 잃고는 피란살이
서울로 부산으로 떼를 굶으면서 고생하시면서 오빠 생각에 몸
이 약해지시고 먹을것 입을것 잘못도 없는 생애 고생만
하시다 피란하게 용인 잔디 야산에서 불쌍 하시게 돌
아 가신 나의 어머님 이딸은 어머님 생각을 하면 가
슴이 메여지는것 같읍니다 이렇게 좋은 세상을 구경도
못하시고 가셔서 좋은 물건이나 딸들이 잘들할때 생
각나는 어머님 고생만 하신 어머님 이못된 딸을
어머님은 무엇을 할때나 도와 주셔서 잘하고 있
읍니다 지금은 아버님 어머님 생각 다시 한번 뫼신다
면 그 누구보다도 잘 하는 딸이 될것 같은 마음
입니다 부 모 님 극락 세상 천당에서 오빠와
행복 하게 잘 지내시라고 빌으면서 어떻 이세상을
맡이는날 어머님 전으로 가겠읍니다

1988년 12월 20일

책을 덮으며

우린 노후까지 교양 있고 자랑스러운 엄마이길 바랐다.
우리 엄마니까 당연히 그래야 한다고 생각했다.
언젠가부터 엄마를 숙제처럼 만나고 와야 했다.
엄마는 선전장에서 받아온 허접한 물건들을 딸들에게 넘겨주는 것이 생의 목적인 것처럼 열심히 딸들을 힘들게 했다.
엄마는 요양원에 들어가신 후 치열했던 삶을 다 내려놓은 듯 오히려 고요하고 편안해 보였다.

엄마의 집이 팔리고 집을 정리하느라 우리 모두 모여 청소를 했다.
큰언니가 엄마 방 장롱을 정리하다가 엄마가 틈틈이 써놓은 글과 그림을 발견하였다. 언니는 잘 편집해서 하루에 한 편씩 엄마가 그린 그림과 함께 우리 자매 단톡방에 올렸다.

우리 여덟 자매는 매일 글을 읽으면서 보고 싶고 그리웠던 엄마를 울면서 만났다.
그 속에는 강인한 엄마, 지혜로운 엄마, 젊은 엄마, 쓸쓸한 엄마까지 우리가 몰랐던 엄마가 가득했다.
엄마도 우리랑 똑같은 누군가의 딸이었고, 외로운 여자였고, 삶이 버거운 사람이었다.

2024. 10 일곱째 딸 은경

다락에서
찾은

엄마
향
기

초판 1쇄 2024년 10월 3일

글쓴이 엄마 박순근
글쓴이 큰딸 김미숙
　　　　 deepbluek@naver.com
　　　　 blog.naver.com/deepbluek
　　　　 instagram.com/deepblue_k
그린이 엄마 박순근

펴낸이 표시근
펴낸곳 표시근캘리그라피스튜디오
주　소 경기도 안양시 동안구 시민대로 171. 금강벤처텔 816호
전　화 010_5249_4852
　　　　 pyocallistudio@naver.com
　　　　 instagram.com/pyossi_art

발행처 이분의일
주　소 경기도 과천시 과천대로 2길 6. 테라스원 508호
전　화 02_3679_5802
　　　　 onehalf@1half.kr
　　　　 www.1half.kr

ISBN 979-11-988303-5-7(03810)

이 책은 저작권법에 따라 보호받는 저작물이므로 무단 전재와 복제를 금지하며,
책 내용의 전부 또는 일부를 사용하려면 반드시 저작권자와 출판사의 동의를 받아야 합니다.